大学生の学び・入門
大学での勉強は役に立つ!

溝上慎一 [著]

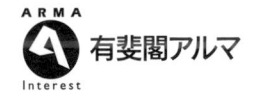

有斐閣アルマ

本書のコピー,スキャン,デジタル化等の無断複製は著作権法上での例外を除き禁じられています。本書を代行業者等の第三者に依頼してスキャンやデジタル化することは,たとえ個人や家庭内での利用でも著作権法違反です。

はじめに

1 本書が生まれるきっかけ

本書の企画　今回，有斐閣の櫻井堂雄氏から本書の企画をうかがったとき，私は引き受けるのをずいぶん躊躇ったことを覚えている。その大きな理由は，世の中に「勉強のしかた」なるハウツー本がたくさん出まわっていて，あらためて私が何か出せるだろうかと懸念されたからである。とくにこの数年，大学でおもに1年生に教える初年次教育，導入教育が進展し，それにあわせて「大学での勉強のしかた」（ノートの取り方，レポートの書き方，文献の調べ方，発表のしかたなど）なる本が何冊も出版された。私の手元にあるだけでも，この類の本はいまや100冊以上にも上り，そのなかに「これはなかなかわかりやすい」「これは参考になる」，そう思われるものがいくつもあるのである。私がそれらを超える「勉強のしかた」の本を書けると思うのは幻想である。

また，私の個人的な事情もいわせていただければ，いま書かなければならないと思いながら諸事にかまけて1年，2年と経ってしまっている原稿や論文がいくつもある。それをまた横において，

わざわざ人の焼きなおしたる本を書くのに時間を取られるのは勘弁願いたい。

しかし，櫻井氏と議論を重ねるなかで，じつはこんなことにも気づかされていった。それは，授業や日常接する学生たちとのあいだで私は，大学生活，さらに将来のなかでの学業のもつ意味，それに応じた勉強のしかたなどをじつに頻繁に議論しているということであった。つまり，櫻井氏から話を受けなくても，私は私自身の日常生活のなかでこのテーマについていつも考えているのであった。

進む大学教育改革

私の考えでは，昨今の大学教育改革はさまざまな外的要因に規定されて，大学生をしっかりと勉強させる方向で進んでいる。しかし，出席チェックや厳格な成績管理をはじめとする大学教育の質的改善・発展は，学生を教室に向かわせることには成功しているが，彼らの内面世界を掌握することには必ずしも成功していない。つまり，学生の身体(からだ)は教室にいるけれども，それが身を入れて勉強している姿とは必ずしもなっていないのである。学生たちは訳がわからずともノートを取り，とりあえずは単位をしっかり取れるだけのまじめさをもって対処してくる。あるいは，教室に来るだけでも十分だと思っていて，授業時間は友だちとしゃべったり携帯メールをしたり，寝たりしている。

私は「それでいいのか！」と学生たちに問う。学生たちは改まってこう問われると，それは良くないと返してくる。私もさらに私なりの考えを彼らに返す。私と学生とのやりとりはこの文脈において顕現する。

さて、この「良くない」と学生が返してくるときのおもな内容は、大方が「授業がひどい、おもしろくない」「必修科目が多い」「先生の声が聞こえない」など教員や授業、カリキュラムへの不満や文句である。私は大学教育改革に携わる立場として、学生たちの発するこうした不満や文句のなかでなるほどと思うものを、できるだけ教員に伝えていかねばならないだろう。また、大学としても将来の教育改善努力に反映させなければならないだろう。とかく大学教育改革は、大学の執行部、上層部だけで議論が進んでいくきらいがあるから、私はこういう学生と教員とをつなぐ役割を、微力ながらにけっこう意識して実践してきた。

しかし、今ここを生きる学生たちが、教員の授業のしかたやカリキュラムの問題だけで議論を終始させるのは良くない。というのも、教員やカリキュラム、制度などを変えていくことは多くの年月を要するじつに根気のいる作業であり、今ここを生きる学生たちの学業生活はその変容を待ってはくれないからである。学生たちが大学に不満や文句をいうのはいい。しかし同時に、自身を取り巻く現実環境のなかで、自分たちがどのようにやっていけば良いかも考えなければならない。これが私の考えであり、学生たちとこのテーマについて議論をするときの前提である。

学生たちの受け身の態度に対して

学生たちの話を聞いていてよく思うことは、彼らは教員やカリキュラムに対して不満や文句はいうが、自分たちの問題は棚上げしてしまっていて、結局は何もやっていないということである。不満や文句を大学にぶつけるけれども、そこから先のアクションが何もない。こういう学生にできる精一杯のことは、ダラ

ダラとでも教室に来て、せめて単位を落とさないように頑張ることである。先にも述べたように、授業やカリキュラムに関する問題点はできるだけ受け止めるようにしたい。しかし、待ってはくれない一度きりの大学生活であるから、学生たちには現状のなかで自分はどう動いていくのがいちばん自分のためになるか、そこを考えてほしい。大学にすべてを任せてしまって、環境が良ければ勉強するが悪ければ勉強しない、そういう受け身の態度ではあまりに情けない。

本書は、学生たちが大学での学業に関して発してきた不満や悩みをもとにして、私なりに説いた『大学生の学び・入門』の書である。

2 勉強をする一歩手前の認識世界が問題となる

「大学は勉強をするところ?」と問う学生に対して

「勉強のしかた」なるハウツー本はたくさん世に出まわっている。そして、そういう本のなかにはすでに好著がいくつかあって、私の出る幕はもはやない、そう述べた。しかし、私が日常のなかで学生たちと議論しているその中身をあらためて見てみると、私は「勉強のしかた」についてあまり多くを語っていないことに気づく。まったくないというわけではないが、多くは勉強をする一歩手前の認識の世界である。

たとえば、

「大学は勉強だけをするところではないはずです」

と執拗に主張する学生が多くいる。私はそういう学生に対して、

「たしかに大学は勉強だけをするところではないが，勉強をしないでいいところでもない。大学はまずもって勉強をするところだ」

そう返す。私は勉強を"work"——英語では勉強することをworkともいうではないか！——，すなわち，誰にとっても基本的な日常の仕事だと見なしている。この言に学生，社会人の別はない。これだけ新しい考え方や知識，技術が生み出される時代なのだ。生涯学習とはまさによくいったもので，人は生涯にわたって勉強していかなければならないのである。

私はビジネス書やビジネス雑誌をよく読むが，そこでは「目標設定が甘い！」とか「つねに2, 3歩可能性を先読みして相手と交渉することだ！」などと書かれていることが多い。逐一書かれていることはもっともだし，それは大学生にも示唆的なものであることが多い。しかし，やはりビジネス・パーソン向けだなと思ってしまうのは，大学生の多くにとってはそこまで話がいかないからである。そもそも大学生の問題点で大部分を占めるのは，本気で勉強していない，やろうと思っていても結局はできていない，ということである。勉強のしかたまで話がいかないのである。授業には出ていても，自分のためになるような授業への参加のしかたにはなっていないのである。そしてここが大事なのであるが，それは学生たち自身がいちばんよく知っていることなのである。

どうして勉強をしないのか？

なぜ知っていながらそうなのか。答えは簡単で，「大学で一生懸命勉強して何の得があるのか！」と思っているからである。彼らにとっては，単位を取って卒業して，良い会社，やりた

はじめに　v

いことができる仕事に就ければそれでいいのである。そこまでしか考えていないのである。

　学生がそう主張する背後には，「受験勉強で疲れている」「いまはもっと遊びたい」「勉強以外のことがいろいろしたい」といった意識があるともいえる。それはわかる。学生たちにも「それはわかる」と私はいう。しかし他方では，「わからない」とも付け足す。わかってはいけないのだ。つまり，学生のあるがままの声にできるだけ耳を傾けながらも，他方であまり学生の立場，感情を理解しすぎてはいけないのだ。

大学は勉強をするところ

　変わりゆく時代の要請に従って，いま日本は「大学は勉強するところだ」といいなおそうとしている。そのための大学教育改革である。改革に携わっている人間が，「別に勉強がすべてではないよね」などというのなら，改革などやめた方がいい。私は「大学は勉強するところだ」と心から思っているし，そう思う理由ももっている。あとは学生たちとその信念をどれだけ共有することができるかである。大学教育の再生はこの一点にかかっているといっても過言ではない。

　このように，私と学生との議論は「勉強のしかた」それ自体よりも，「大学は勉強をするところか？」「勉強することに何の意味があるのか？」「何に役立つかわからない教養の勉強よりも，はやく専門の勉強をやりたい」，そうした勉強をする一歩手前の認識世界を問題とすることが多い。それは，「勉強のしかた」以前の問題に，あまりにも多くの学生たちがつまずいているからだと思う。紙面の関係があるから，本書でそれらのすべてを扱うこと

はできていない。しかし，少なくとも勉強をする一歩手前の認識世界を真正面から扱ったのは本書のオリジナルな点であり，他の大学生の学び，勉強のしかたの類書ではあまり見られない点となっていると思う。

3　本書で伝えたい2つのメッセージ

本書で発したメッセージ，主張点はいくつもあるが，主要なものとしては大きく2点あるので，結論を先走るがここでまとめておく。

> 大学での勉強は役に立つ

1つは，第2節「勉強をする一歩手前の認識世界が問題となる」で述べた認識的問題に対する私なりの回答である。それは，本書の副題にあえてつけた「大学での勉強は役に立つ！」という挑戦的な文句を軸としている。学生たちの実際の言い方はさまざまだが，だいたいのものにはこの一文で答えうると思う。

周知のように，この文句はいま社会から大学教育改革の関係者に突きつけられている大きな課題の1つとなっている。そして，その声に過剰に反応して，虚学ではない社会に役立つ学問，授業科目をつくっていこうとする大学が少なからず出てきている。文科系においてはとりわけこの傾向が顕著である。先の見えない新しい時代の課題であるからいろいろ挑戦していいと思うのだが，それでこれまで築き上げてきた大事なものがなくなってしまっては本末転倒である。私としても，もう少し慎重に考え続けねば，

と思い今日に至っている。

 とはいえ,本書でこの問題を真正面から扱うのは,先にも述べたように,何より学生自身こそがこの問題に非常に関心をもっているからであって,しっかり勉強する,しないの分岐点にもつながっているからである。それは入試に出る勉強はやって,出ない勉強はやらない,あのパターンに似ている。

 こうしたことを背景として,私は本書で,もし「大学での勉強は役に立つか？」と社会から,あるいは学生から尋ねられたらどう答えるか,という問題設定をきつく自分に課した。そして,この問題について検討している研究者の論文,関連の書籍,雑誌をあらためて読みなおし,企業で働く人たちとあらためて意識的に意見交換をした。その結論として得たことは,第1に「大学での勉強は役に立つか？」という問いに答えるには,問題を少なくとも2,3層に分けて議論をしなければならないこと,第2に,あえて一言で結論をいってくれといわれたら,社会の人には「役に立つ」,学生には「役に立つかどうかは君しだいだ」,そう答えようということであった。この微妙な分別は,当然のことながら第1の「大学での勉強は役に立つか？」という問題が2,3層に分けて議論されねばならないことと関係している。第3章,第4章を主とした第Ⅰ部の認識編では,このあたりの思考の経緯を論じている。

認識と行動の次元の分別

 もう1つのメッセージは第1の点と密接に関連しているのだが,結局のところ,大学での勉強が役に立つかどうかが気になるといった認識の問題と,実際に勉強をしていくという行動の

問題とはまったく別次元のものだろうということである。人は認識次元の問題を解決しても、それで行動していけるとは限らない。認識は勉強をするための必要条件ではあるが、十分条件ではないのである。第II部の「行動編」が独立して論じられているのはそのためであって、そこでは、一見地味で退屈で年月のかかる——それゆえに成果はすぐには表れない——勉強を、日々の生活のなかでいかに忍耐強く取り組んでいくか、その行動的側面に論の焦点があてられている。

第II部の内容自体は、他の類書でもよく見られる一般的なものかもしれないが、認識と行動の次元を自覚的に分別して大学生の勉強を位置づけている書籍は少ないはずである。しかも、授業のなかだけで勉強をするのではなく、日々の大学生活のなかで授業を一要素として位置づけて大学生活全体を組織化し、その上で自分なりの勉強をやっていこうという主張はもっと少ないかもしれない。しかし、私は授業を超えた勉強のしかたをもっと声高に主張する必要があると思っているし、それをうまく身につけられれば、卒業して社会に出て以降もかなり役立つものになると信じてやまない。これは次節で述べる私の教育論がもととなっている。

4 私の教育論

> やらない学生を何とかやらせる教育論ではだめだ

本書で掲げる「勉強のしかた」は多くの学生にとって水準というか、期待する目標がやや高いかもしれない。とくにまじめに授業を受けることだけが大学での勉強だと信じてやまない者

には，本書はややハードルの高い本となっているに違いない。しかし，そう思いながらも本書を書き進めたのは，私の教育論ゆえである。それをここでは述べておきたい。

いま社会は大きく変貌してきており，それに呼応して大学教育に求められる成果も変わってきている。しかし本書で説く大学での「勉強のしかた」は，言葉，表現の違いはあれ，もともと大学での勉強とはそういうものだと見なされていたものとそう変わらないものである。その意味では，とくにオリジナルと呼ぶほどのことはなく，これまでの見方，考え方を焼きなおしたものともいえなくはない。しかし，そうした大学での「勉強のしかた」を自覚しなければ，いまの学生たちは勉強することができなくなっている。彼らは，大学の勉強とはもとよりそういうものだったということを知らないのだから。この点に関する本書のオリジナルな点があるとすれば，学生の意識を喚起しようとしている点である。

目標は高い方がいい。理論的な重要性もさることながら，私は本書で述べるような勉強のしかたをしている学生を，絶対数としては少なからず見てきた。できない学生，やらない学生を基準にどうしたらと考える教育論は，私はだめだと思う。学力低下論争には興味がないが，ゆとり教育政策の問題の根本には似たようなところがあって，それはたえず考えさせられている。それは大学生に説く「勉強のしかた」にも如実に表れる。本書での主張を見て「それは無理だよ」という者は，だいたいこの思考パターンに乗っているのである。

時代や社会の状況に理論的に照らして，何がいま大事だと，どんな勉強が大事だと理論的，実践的に出てくるものがあって，それを目標としていく，それが私の考える教育論である。本書でい

えば，自分の頭でものを考え世界を見るようになれるための勉強であり，そのしかたである。1人でも多くの学生が頑張ってこの目標に向かってくれればいい。

> サポートは必要

とはいえ，目標が高いことはわかっている。だからそこに向かえない，努力できない学生のサポートが他方で重要となる。この目標に向かえない者は，向かえない前提で自分がどこなら向かっていけるのかを考えさせていく必要がある。そのための手助けは必要である。

しかし，これは私がわざわざやらなくても，アクションとしてはすでに多くの関係者が取り組んでいることである。私の役割はアクションではなくてその位置づけである。つまり，目標や理論のない，何かしらできない，やらない学生への対応，取り組みというだけなら私はすこぶる不満であるのだが，目標に向かう者が一方でおり他方でサポートがある，そういう相互補完的な関係のもとで教育が考えられているというのであれば，私はそうしたサポートにおおいに価値を認めるのである。

5 将来のための勉強

本書では，いろいろな意味，レベルで学生たちの将来と学業とをつなげて議論しすぎているかもしれない。当然のことながら，勉強は将来に向けてするばかりのものではない。むしろ，はじめは将来との関連で勉強するということでいいのだが，やがては将来や専門に関係のない勉強をどれだけすることができるかが鍵に

なると私は思っている。とりわけ私の信条からすれば，教養の意義はくわしく説きたかったところである。

しかし，学生たちの不満や悩みは将来や人生と密接につながっていることが多く，そこから本書の内容を構成した関係上，ある程度は将来と学業との関連を前提に本書全体を構成せざるをえなかった事情を断っておきたい。

とはいっても，本書は大学生の目指すべき勉強を「自分なりの見方や考え方をもつ」「自分を発展させる勉強」と定義したので，このライン上で勉強していくことができるなら，自然とやらなければならない勉強の幅は広がってくるだろうし，それが豊かな教養にもつながってくるだろうと思う。同じ私の頭から文章が書かれているのだから，「教養」とか「専門以外の勉強」などという言い方をしないにせよ，それに類する表現は本書の随所で見られるに違いない。要は，「自分なりの見方や考え方をもつ」「自分を発展させる勉強」から大学生の学びを説くのか，教養や専門といったところから説くのかの違いである。本書は，学生たちの将来と学業との関連から学びを説いたので，前者を軸にしただけの話なのである。

6 その他の但し書き

最後に，本書を読むうえでの但し書きである。

| 言葉の問題 | 本書では「学問」や「学業」「学習」といった理念的，学術的な硬い言いまわし

よりも，日常学生たちが用いることの多い「勉強」という言葉を原則として用いることとした。学生たちにとっては，「強いて勉める」の方がイメージにはあっているかもしれない。

「学び」か「勉強」かはずいぶん悩んだ。教育学者が好むのは「学び」である。しかし，実際のところ，学生たちの口から「学ぼう！」「学ばなければ！」などと自発的に出てくることはまずない。結局，原則として「勉強」という言葉を用い，文意に応じてときどき「学び」という言葉を用いることとした。なお，本書の表題には「勉強」「学び」両方を用いた。

文章のスタイル

大学生を対象にした本だから，学生に呼びかけるように書くのがよくあるやり方だとは思う。多くの類書ではそういうふうに書かれている。私もはじめそのスタイルで書いていたのだが，途中で，どうも説教くさくて書きづらいことがわかってきた。結果的には同じことかもしれないが，もう少し客観的な学生の学び論として書いた方がいいのでは，と思い全面的に書きなおした。そのために，大学生のことについていわれていることをできるだけ資料やデータを示しながら論じ，かつ私の主張と同じことを主張している人がいるなら，できるだけその人の声の力を借りるようにした。類書には，著者の個性が強く表れる学び論が多いのだが，本書ではそのあたりを少しでも脱しようと試みている。

勉強のしかた

具体的な勉強のしかたは人の数だけある。したがって，とくに第II部の行動編で一般的な方法論を説けないのは，このテーマである以上やむをえ

ないことである。本書では私の納得できるものを選んで私の体験なども交えながら論じたが、それでピンとこない読者は当然いるはずである。そうした方は、他の類書を読んで、これなら自分はやれそうだと思えるものを探してほしい。

巻末付録(1)：類書のガイド

本書の学び論は、「自分なりの見方や考え方をもつための勉強」ということを基本性格として全編展開されている。したがって、とりわけ授業を受けたり文章を書いたりする学習スキルなどについては、本書ではほとんど取り上げなかった。それは、この類の好著がほかにもたくさんあるからである。

本書の巻末にはそうした好著を、本書の性格を超えて広く学びについて考えていきたいという読者のためにガイドした。紙面の関係で取り上げられなかったものもいくつかあるが、足がかりとしては参考になるだろうと思う。

巻末付録(2)：大学生の学び方レポート

巻末付録にはさらに、私のまわりにいる京都大学の学生2人に頼んで書いてもらった「大学生の学び方レポート」を収録した（本書刊行の1年前に執筆されたものである）。その理由は、本書で述べるような学び方をしている学生の姿を、実際の学生の声を通して示したかったからである。

第4節「私の教育論」のなかで述べたように、本書は私の教育論をもとにして、それを「大学生の学び方」という次元で具現化したものである。しかし、その教育論は理屈先行型の机上の空論なのではなくて、理論と実際の学生の姿とを行ったり来たりし

ながら編み上げてきたものである。したがって，わが国全体を見渡したときに，本書で述べるような勉強をしている学生がごまんといるとは思っていないし，割合でいえばわずかであるということもわかっている。しかし，私の教育論に影響を与えた実際の学生たちの絶対数というのは，けっこうな数である。私の仕事は，私が彼らを見て「これはいいなあ」と思ったその感情を，大学教育論として理論化することである。なぜいいと感じるのかというその理屈を，これまでの時代，社会，教育，今後取るべきであろうそれらの方向性を見据えながら理論化することである。本書は繰り返すが，その教育論を「大学生の学び方」という次元で具現化したものにほかならない。

　巻末付録のレポートを書いてくれた２人は，私の大学生の学び論にうまく合致してくる学生たちである。個々具体的な姿はまるで異なるが，２人とも自分なりに日々の生活を組織立てて，そのなかで自分の頭で試行錯誤しながら勉強をしている。彼らは見かけとは違って，けっして勉強だけに生活のすべてを投じる学生ではない。趣味やサークルも精一杯楽しむ，そうした意味ではけっこう現代的な感覚をもった学生である。それはレポートを読めば一目瞭然である。しかし，そうしたなかで彼らが勉強も激しくやっている姿は瞠目に値する。そこで学んでいることは，きっと将来にも役立つだろうと思う。そうした彼らの悪戦苦闘を私だけがこっそりと知るのではなく，私以外の一般の読者にも紹介することは，私の仕事の性格からしても意義があることと思われる。

　ちなみに，彼らのような学生は京都大学の学生のなかでもどちらかといえば少数派である。京都大学の一般の学生はなかなか彼らのようにはできない。それを私は全国一般に推奨していこうと

いうのだから，基本的には無理があるといえるのかもしれない。しかし，そこは第4節で論じた私の教育論の性格がある。つまり，目の前の学生を何とかするような教育論ではなく，理論的性格に裏づけられたできるだけ高い目標を掲げて教育を論じていく，というものである。

また，余計なことかもしれないが付言しておくと，2人目のレポートの安井君の文章は彼の個性が全面的に前に出ていて，まじめな読者諸君には面食らうところがあるかもしれない。しかし，自分の頭で勉強していく学生というのは，ある種こうした狂気じみた勢いをもっているものである。しかも，これから人生を歩み出していこうとする若者なのだから，これくらいの元気さがなくてはつまらない。こうした人間もいるのだということを知ってもらうだけで，私は彼のレポートには意義があると思っている。

◇

いずれにしても，この手の書籍では避けられないことだが，大学生と一口にいっても文科系，理科系，1年生，4年生といったようにさまざまであるし，そのなかでも読者の状況は多様であるから，すべての箇所がすべての読者に響くものとなっていないことはやむをえないことである。基本的には，好きなところを好きなように読んでもらえればけっこうである。

著者紹介

溝上 慎一（みぞかみ しんいち）

経 歴

1996年　大阪大学大学院人間科学研究科博士前期課程修了

2003年　京都大学博士（教育学）

現在，学校法人桐蔭学園理事長

　　　　桐蔭横浜大学教授

主要著作

『自己の基礎理論——実証的心理学のパラダイム』（単著，金子書房，1999年），『大学生の自己と生き方——大学生固有の意味世界に迫る大学生心理学』（編著，ナカニシヤ出版，2001年），『現代大学生論——ユニバーシティ・ブルーの風に揺れる』（単著，日本放送出版協会，2004年），『自己形成の心理学——他者の森をかけ抜けて自己になる』（単著，世界思想社，2008年），『現代青年期の心理学——適応から自己形成の時代へ』（単著，有斐閣，2010年），『自己の心理学を学ぶ人のために』（共編著，世界思想社，2012年），『アクティブラーニングと教授学習パラダイムの転換』（単著，東信堂，2014年）など多数。

目　次

はじめに ——————————————————————— i

1 本書が生まれるきっかけ ……………………………………… i
本書の企画（i）　進む大学教育改革（ii）　学生たちの受け身の態度に対して（iii）

2 勉強をする一歩手前の認識世界が問題となる ……………… iv
「大学は勉強をするところ？」と問う学生に対して（iv）　どうして勉強をしないのか？（v）　大学は勉強をするところ（vi）

3 本書で伝えたい2つのメッセージ ……………………………… vii
大学での勉強は役に立つ（vii）　認識と行動の次元の分別（viii）

4 私の教育論 ……………………………………………………… ix
やらない学生を何とかやらせる教育論ではだめだ（ix）　サポートは必要（xi）

5 将来のための勉強 ……………………………………………… xi

6 その他の但し書き ……………………………………………… xii
言葉の問題（xii）　文章のスタイル（xiii）　勉強のしかた（xiii）　巻末付録(1)：類書のガイド（xiv）　巻末付録(2)：大学生の学び方レポート（xiv）

著者紹介　xvii

第Ⅰ部　認 識 編

第1章　将来やりたいことを考え続ける　3

1 やりたいことがわからない ……………………………………… 3
大学では何をする？（3）　将来像を考え続ける（4）　ドリフ

ト概念（5）

2 高校のときのやりたいことは大学に入って崩れる ……… 6
　将来やりたいことは崩れる（7）　それではやりたいことは考えなくてよいのか？（8）　修正しながら将来像をつくっていく（9）

第2章　勉強しながら将来を考える　　11

1 将来やりたいこととそれに向けて努力することとはまた別の力 … 11
2 認識的次元のスローガンだけを受け取る世の中 ……………… 13
　好きなことを仕事に（13）　認識的次元と行動的次元（15）
3 勉強することができるかは行動的次元の試金石 …………… 16
　行動する人，しない人（16）　自覚的な努力と忍耐力（17）
4 大学は自分を発展させる勉強をするところ ………………… 18
　黙々とこなされても困る（18）　資格の勉強でいいのか？（19）
　自分を発展させるための勉強をしよう！（20）　高校までの勉強と大学での勉強（21）

第3章　大学での勉強は役に立つ(1)　　23
学習力を身につける場としての大学

1 大学での勉強は役に立たない？ ……………………………… 23
　クラブやサークル，アルバイトの方が勉強になる？（23）　浅羽通明の大学教育批判（25）
2 なぜドイツ人は大学の勉強が役に立つというのか？ ……… 27
　ドイツにおける大学教育（27）　大学教育と仕事とのレリバンス（28）
3 コンピテンシーという能力 …………………………………… 30
4 仕事に役立つ本当の力は学ぶ力！ それは大学で身につけるもの
　……………………………………………………………………… 33
　企業が重視する能力（33）　どこでどのように能力は養われるか（35）　大学での勉強は将来のための必要条件（36）

第4章　大学での勉強は役に立つ(2)　39
社会や現場と大学での勉強をつなげるのは自分自身

1 大学での勉強は将来にどうつながるのか …………………………… 39
2 社会や現場への参加型授業に学ぶ …………………………… 40
3 自分で体験の場をつくる …………………………… 41
　社会や現場に飛び出す（41）　勉強を活用する能力（42）　社会と大学との循環（45）　行動を起こそう（46）
4 社会や現場と教室とのあいだを行ったり来たり …………………………… 48
　社会や現場に出るだけではまずい（48）　簡単にはつながらないこともある（48）　つなげるのも自分自身（51）　大学から逃げない（52）
5 結局のところ…… …………………………… 53
　認識と行動の問題・ふたたび（53）　大学での勉強の実際の効果を知り，知識の有用性を感じる（54）
6 社会人の意識から見た大学での勉強の効果 …………………………… 54
　社会人は大学での勉強をどうとらえているのか？（54）　大学での勉強の効果とは（56）

第5章　自分なりの見方や考え方をもつために　59

　意見はつくるもの（60）　どうやって意見をつくるのか（62）
　日常生活のなかでの努力と習慣化（63）

第Ⅱ部　行動編

第6章　生活フォームをつくろう！　67

1 将来やりたいことを考え続けるための新聞記事のスクラップ …… 67
2 日々の生活の組織化 …………………………… 68
　やりたいことはいろいろある（68）　千葉敦子の生活の組織化

（69）　自分の頭の働き具合を知る（70）　生活のリズムを生み出す（72）　京都大学の学生の勉強のしかたの実際（73）

3　大事な仕事から最初にやる … 76
優先順位をつける（76）　すぐに大事な仕事にはかかれない（78）

4　時間に対するイニシアティブ … 79
突発的な事態は必ず生じる（79）　突発的な事態への対処法（80）

5　朝起きるための工夫 … 82
朝に用事を入れる（82）　朝起きて好きなことをする（83）

6　だれてやる気がしないのをどう克服するか … 85
はじめの一歩（85）　自分がやる気が出せる状況を知る（87）
自分なりの法則を持続させる（88）　フォームをつくる（89）

第7章　本を読もう！　93

1　読書はなぜ大事か？ … 93
想像力や論理的思考力を鍛える（93）　知りたいこと，興味のあることに応えてくれる（94）　読書への意志や努力が自分を発展させる（95）

2　本を読むルールをつくる … 96
読書のルールをつくる（96）　なるべくお金をおしまない（98）

3　積ん読の効果 … 100

4　本を読み続ける努力 … 102
眠気と戦う（102）　自分にあった場所を見つける（104）

5　いつでもどこでも本を持ち歩く … 105

6　速読なんてしなくてよろしい！ … 106
おそ読み法（107）　読書をする時間をつくる（108）

7　多角的に問題を見るための一次テクストの扱い方 … 108
原書を翻訳するとは？（108）　どうすれば解釈することができるのか（110）　先達の視点を学ぶ（111）　専門家の話の聞き方（112）

8　本にはお金をおしまない … 114
将来の自己への投資（114）　つまらない本も役に立つ（115）
良し悪しの判断基準を身につける（116）

| 第8章 | 勉強会，自主ゼミをやろう！ | 119 |

1 誰もが説く仲間との議論の重要性 …………………………………………… 119

2 自分の言葉で世界を表現する苦しさ ………………………………………… 121
　最初は苦しい（121）　　とにかく言葉で描写してみる（122）

3 他人の意見とすり合わせる …………………………………………………… 123
　「答え」とは何だろうか？（123）　　答えのない勉強のすすめ方（124）　　自分なりの見方をどうつくりだすか（126）　　他者との相対において自分の見方・考え方を提示する（127）

4 身体が問われるということ …………………………………………………… 128
　身体を媒介とした学習環境（129）　　勉強するときに喚起される感情（130）　　語学学習でも問われる身体（131）　　他者の存在の必要性（133）

| 第9章 | 1回1回の課題や発表を大事にしよう！ | 135 |

　しっかり準備をする（135）　　つねに真摯な心構えを（138）

文献・注　141

巻末付録(1)　類書のガイド——さらに大学での学びを考えたい人へ　147

巻末付録(2)　大学生の学び方レポート　153
　大学を私の居場所にするために（154）　　私はいかにして心配するのをやめて大学を愛するようになったか（165）

あとがき ————————————————————— 181

事項索引　185
人名索引　186

　　　　　　　　　　　　　　　　　イラスト　オカダケイコ

第Ⅰ部

認 識 編

　第Ⅰ部は，大学生の学び方における「認識編」である。「学び方」「勉強のしかた」という言葉それ自体がじつは行動的なものであるのだが，多くの大学生はその一歩手前の認識世界でつまずき，大学での勉強を力強く推し進められないという事情がある。第Ⅰ部でおもに扱うのは，そうした認識世界の問題のなかでも，一般の学生にとって問題となることの多い「将来と勉強との関係はいかに」「大学での勉強は役に立つのか」という2大テーマである。

　第1章　将来やりたいことを考え続ける
　第2章　勉強しながら将来を考える
　第3章　大学での勉強は役に立つ(1)
　　　　　——学習力を身につける場としての大学
　第4章　大学での勉強は役に立つ(2)
　　　　　——社会や現場と大学での勉強をつなげるのは自分自身
　第5章　自分なりの見方や考え方をもつために

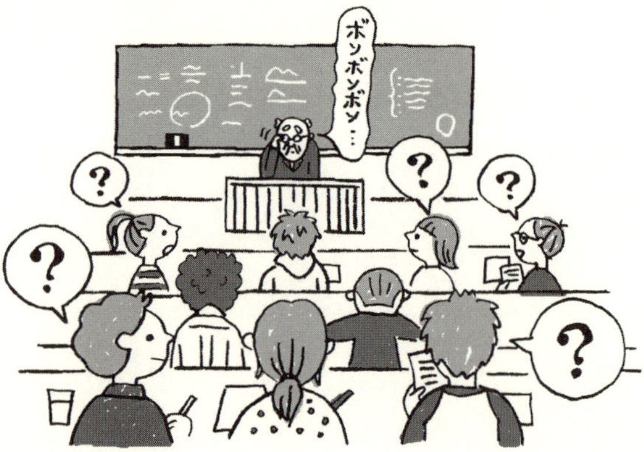
ボソボソボソ…

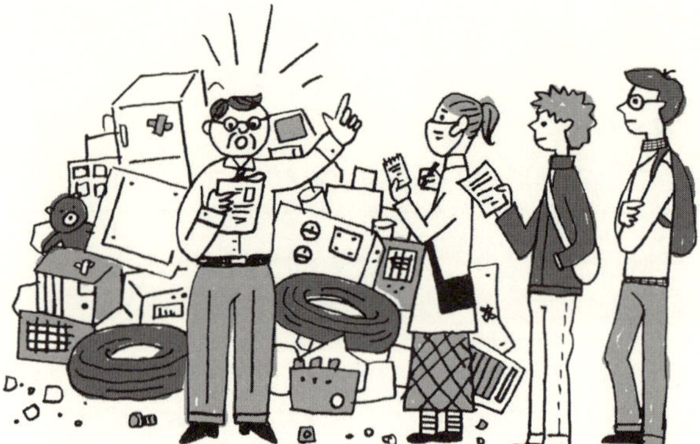

第1章 将来やりたいことを考え続ける

1 やりたいことがわからない

「やりたいことがわからない」。このような声は全国至るところで耳にする。当然のことながら，趣味や遊ぶことでの「やりたいこと」でいいのなら話は簡単だ。誰もこのレベルでは悩まない。みなが悩んでいるのは，将来の仕事と関連する「やりたいこと」なのだ。

　　大学では何をする？　　一昔前は，「とにかく大学に入ったら何とかなる」「大学に入ってからゆっくり自分のやりたいことや将来のことを考えればいい」，そう思う者が少なくなかった。実際，それであからさまに困ることもなかった。何かやっているうちに自然と天職なるものが見つかったという類まれなる幸せな人もいた。だから，自分のそうした経験をふまえて，

「大学では何もしなくていい，のんびり過ごせばいいんだ」
と公言を憚らない先生はいまでもいる。

しかし，この意識でいまの大学へ入ってくると，あるいはそういう先生の言葉を信じて何も考えずに好き勝手に大学生活を過ご

すと大変なことになる。きっと多くの者は，将来のことや自分のやりたいことなど何もわからないまま就職活動や卒業を迎えることとなるに違いない。たしかにある先生がいうように，100人に数人くらいはぼうっと好き勝手に過ごすなかで適職，天職が見つかるということはあるだろう。しかしそれはエラーである。ほとんどの者は見つからない。少なくとも私はそのように見ている。

将来像を考え続ける　　私は，だから，「大学では何もしなくていい，のんびり過ごせばいいんだ」というような言葉は，少なくとも多くの学生を前にして述べる教育的標語ではない，と考えている。私が考える教育的標語は，「そのときそのときのレベルでいいから機会あるごとに将来像を考え続ける」というものである。高校生なら高校生のレベル，大学1年生なら1年生のレベルでいいから，そのときのレベルで考えられる将来像を機会あるごとに考え続けるというものである。

　もっとも，どんな場合でも極端であることはよくない。「考え続けよ！」といったって，四六時中考え続けたのでは神経が摩耗

してしまう。心理学者であり教育学者でもある梶田叡一が教育論のなかで、自分のことや人生について考える、理解しようとする機会がまったくない、ただ毎日が楽しければそれでいいというのでは困る、と述べているが、まさにその通りである。もっとも、「適度に」「機会あるごとに」ということでかまわないわけだが、後で述べるように本気で将来を考えているならば、私はそれが日常生活のさまざまな行動場面に表れると見ている。だから、その点からすれば極端であってはいけないが、やはり「考え続ける」という言い方になってしまう。

> ドリフト概念

経営学者の金井壽宏がキャリア・デザイン論で説くように、人生のキャリアというのは個人が意図してデザインするばかりでは、そのときには見えていない大事なものを見逃すということがある。流れに身を任せることで、思わぬ掘り出し物（セレンディピティ；serendipity）を得ることもあるのであって、そういう「ドリフト」（流されるもの；drift）を含めたキャリア・デザイン観が重要である。金井はそう説く。

これは、私の個人的経験を振り返ってみてもよくわかる。つまり、やりたい、やろうと思っていなかったことを、いくつかの偶然が重なってやらざるをえなくなる瞬間があるのである。たとえば私の人生でさっと思い浮かぶのは、純粋に心理学だけをやっていた大学院生時代に、現在の高等教育を研究・実践しているセンターに（助手で）来いと恩師からお誘いを受けたときのことである。まったく違った分野に飛び込んで、一から勉強しなおさなければならない、しかもこれまで勉強してきたことは直接には役に

第1章 将来やりたいことを考え続ける

立たない,そうした状況で恩師の誘いに身を任せた（ドリフトした）のはある種運命だったともいえる。それを選んでいなくともまた別のキャリアを歩んでいたとは思うが,おかげで私が当時自分の頭で思い描いていたキャリアとはまったく異なる,しかし個性的なキャリアを形成するに至ったことだけはたしかだと思う。まさに,「思わぬ掘り出し物」だったといえるかもしれない。

ドリフト概念は,「学生が将来像を考え続ける」という上記の標語にもけっして矛盾するものではない。つまり「将来像を考え続ける」といっても,その「将来像を考え続ける」日常生活のなかでは,「これが自分の思い描く将来にどうつながるのだろうか」と思う出来事や誘いがたくさんあるのである。私の先の例でいえば,高等教育の世界に就職することは,私の思い描く将来像からまったくそれることでさえあった。いつもいつもでは大変でも,「やれといわれているのだからやってみよう！」「参加してみよう」「これも1つの勉強だ」と思えることが時折あれば,人生思いもかけぬ飛躍的なジャンプができることがある。金井がドリフトの重要性を通していっているのはそこである。

2 高校のときのやりたいことは大学に入って崩れる

そのときそのときのレベルでいいから将来像を考え続ける,という考え方は,これまでおもに高校生に向かって発してきた言葉だ。というのも,大学入学前にもたなかった将来像が,大学に入って以降自然ともてるようになってきたという学生を,私はあま

り見たことがないからである。将来のことをしっかり考える者は高校生のときから、そして大学の1年生でも2年生でも、面倒ではありながらも苦しみながらでも、そのときそのときのレベルで考え続けているのである。

将来やりたいことは崩れる

高校のときに思い描いていた「将来のやりたいこと」が大学に入って崩れることは頻繁にある。図1-1に示す九州大学での調査結果によれば、29.1％の者が、入学時に決まっていた「大学で学びたい内容」が1年生の終わり（1月）にはわからなくなっている。ここでの「大学で学びたい内容」がはっきりしないという回答は、将来やりたいことがわからなくなってきている表れと理解してよい。この図が示しているのは、「大学で学びたい内容」をもって入学してきても、半分近くの者は1年でそれが崩れるということである。

しかしこんな言い方は乱暴だが、それはごく普通のことである。所詮は高校生が思い描くレベルでの将来像である。非現実的なものも多い。大学に入ると、受験勉強とは違ったさまざまな勉強をするようになる。教養科目、専門科目を問わず、大学ではさまざまな内容が教えられる。答えのない世界についてみんなで考えたり、調べて議論したりすることもある。そうしたなかで世界観は広がり、もはや高校生のときに思い描いていた将来の像など幼稚で、非現実的であったと思うようになる。もう一度じっくり考え直そう。こういう状態になることはきわめて自然である。それは悪いことではない。崩れれば、新たに将来像を描き直せばいいのである。

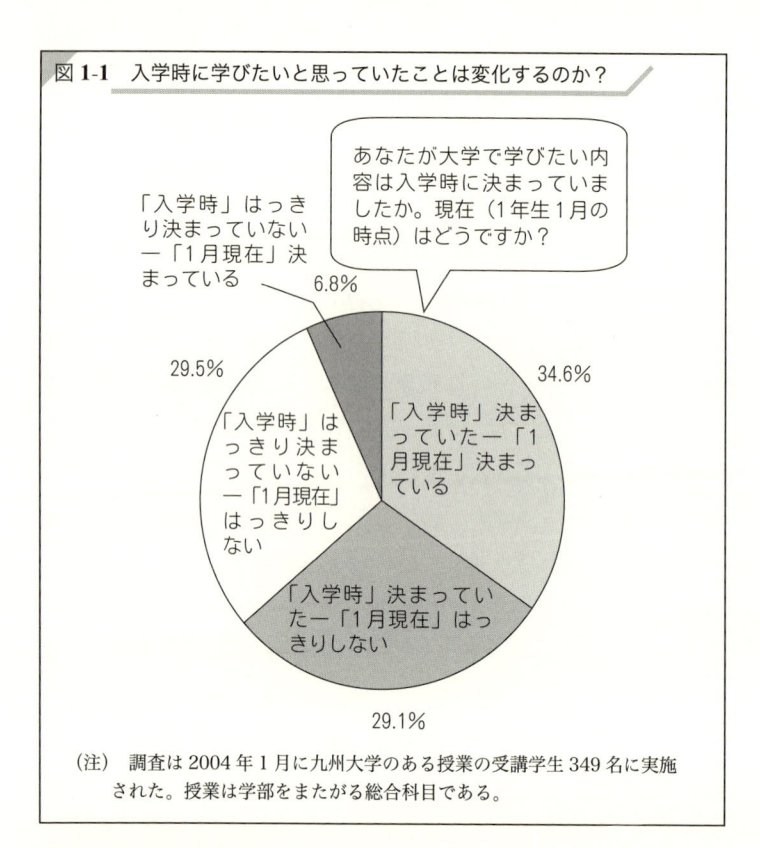

図 1-1　入学時に学びたいと思っていたことは変化するのか？

> あなたが大学で学びたい内容は入学時に決まっていましたか。現在（1年生1月の時点）はどうですか？

- 「入学時」決まっていた―「1月現在」決まっている　34.6%
- 「入学時」決まっていた―「1月現在」はっきりしない　29.1%
- 「入学時」はっきり決まっていない―「1月現在」はっきりしない　29.5%
- 「入学時」はっきり決まっていない―「1月現在」決まっている　6.8%

（注）調査は2004年1月に九州大学のある授業の受講学生349名に実施された。授業は学部をまたがる総合科目である。

> それではやりたいことは考えなくてよいのか？

ちなみに，これを逆手にとって，どうせ崩れるならやはり大学に入ってから本格的に将来を考えればいいのでは，と考える人がいる。これは私は難しいといっている。図1-1をもう一度見てもらいたいが，「大学で学びたい内容」をはっきりと決めずに入学してきた学生は全部で36.3%（29.5%＋6.8%）いるが，そのうち1年後にそれが見つかったと答えている者はわずかに5人に1人程度（6.8%）である。残りの学生は，1年生の終わり

頃になっても，依然として「大学で学びたい内容」が見えていない。

　素朴な将来像ではあっても，夢物語みたいな将来像であっても，高校生のときには高校生レベルで将来を考えることが必要である。一般的にいって，高校のときに考えてこなかった者，考えられなかった者が大学に入っていきなり考えられるようになることはない。高校のときに考えられないということは，大学に入ってからでも考えられないということなのだ。将来のことを考えられるというのは，ある種の能力である。それは，なかなかやる気を出さず成績がふるわない息子に対して，「息子はやる気を出したら勉強できるのです」という親の言に似ている。やる気が出せるのも1つの能力なのである。

修正しながら将来像をつくっていく

　そしてこのことは，高校生だけでなく大学の1年生，2年生についてもいえることである。就職活動をする3年生や4年生になったら考えればいいと思う者が多くいるが，将来のことというのはそのときそのときのレベルでいいから，機会あるごとに考え続けなければならない。そのときそのときの学習状況や活動などにあわせて，少しずつ将来を形づくっていく，修正していく。そうしたなかで3年生，4年生を迎えて，それを本格的なかたちにする，そういうものである。それはいわば絵の下描きのような作業であり，何度も何度も書き直して自分なりの絵のかたちを仕上げていく。いきなり本番を描こうと思っても，描けるはずがない。私が「そのときそのときのレベルでいいから機会あるごとに将来像を考え続ける」というのは，こういう理由からである。

これを読んでいる大学生のなかに，いままで本気で将来のことを考えてこなかった者が必ずいるはずだ。授業でもこういう話をすると，けっこうな数でそういう学生がカミングアウトしてくる。その者は遅くてもいいからいまからでも考え始めることだ。遅いとか何とかいってもしかたがない。考えてこなかったのなら考えるしかない。やってこなかったのなら，やればいいのだ。理想をいえばきりがない。やるしかない。

第2章 勉強しながら将来を考える

1 将来やりたいこととそれに向けて努力することとはまた別の力

　大学生の調査結果をいろいろ見る限りでは，一般的に学生は将来やりたいことをもっていると考えていいと思う。ただし，内容が問題である。彼らの出してくる将来の内容は抽象度が非常に高いことが多く，ひどい場合には「やりたいことをやる」などと，答えになっているようななっていないようなものさえある。しかし，いずれにしても本人のなかでは将来像をもっていると考える者はけっして少なくないようである。

　しかし，図2-1の結果を見てほしい。まずこの調査では，大学生に「将来の見通し」の有無を尋ね，それに対して7割の学生が「将来の見通しあり」と回答した。これは，大学生の多くが「将来やりたいことをもっている」と結論づけた上述の点を確認するものでもある。そして，その7割の学生に対して，「将来の見通し」を実現するための行動を起こしているかどうかを尋ねた結果が図2-1である。図を見るとわかるように，将来の見通しをもつ者のなかには，見通しの実現に向けて行動を起こしている

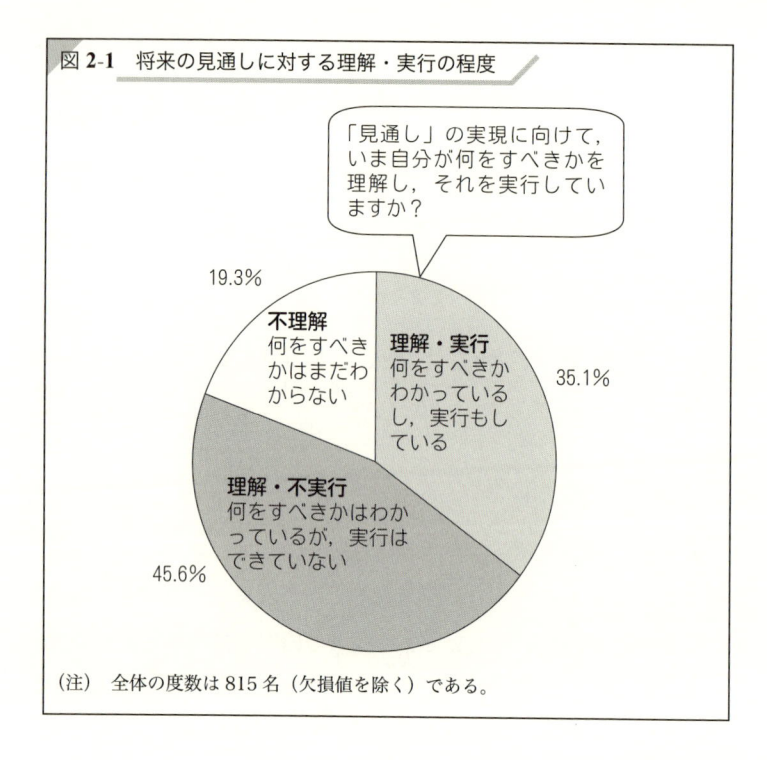

図2-1 将来の見通しに対する理解・実行の程度

「見通し」の実現に向けて,いま自分が何をすべきかを理解し,それを実行していますか?

- 不理解 何をすべきかはまだわからない 19.3%
- 理解・実行 何をすべきかわかっているし,実行もしている 35.1%
- 理解・不実行 何をすべきかはわかっているが,実行はできていない 45.6%

(注) 全体の度数は815名(欠損値を除く)である。

者(理解・実行)が35.1%,やらなければならないことはわかっているけれども結果的には何もやっていない者(理解・不実行)が45.6%,何をやったらいいかまるでわからない者(不理解),言い換えればやりたいと思っているだけの者が19.3%いる。つまり,将来の見通しをもっていると回答した学生のうち3分の2(45.6%＋19.3%)は,将来やりたいことを頭のなかで考えているだけで,それに向けた行動を何もしていないのである。このことは,将来やりたいことがあるという認識と,それに向けて努力することができるという行動とが別次元の機能であることを端的に示唆している。

2 認識的次元のスローガンだけを受け取る世の中

好きなことを仕事に

いま世の中では、高校でも大学でも「将来やりたいことを考えよう」キャンペーンが実施中である。作家村上龍の『13歳のハローワーク』(ありとあらゆる分野の職業を紹介し、子どもたちに将来自分は何に興味、関心を向けていくか、その可能性を問うた本)は、明らかにこの流れに乗って世間を席巻した代表的な本である。

じつはこの類の本はこれまでもいくつかあり、私などは本が出た頃にはまたあの手のものかと思ったのをよく覚えている。とくに高校の進路指導室などには、職業ガイドブックなるものがシリーズで、しかも何種類かそろえられていることが多く、それらはたかだか1冊でまとめられている『13歳のハローワーク』よりもはるかにくわしい。

しかし、売れるのは『13歳のハローワーク』である。もちろんそれは、1つには村上のネームバリューのためであるからに違いないが、そこにはもう1つ、「好きなことを仕事にしよう！」と訴えかけた村上のメッセージが、強烈なインパクトで世に伝わったからであることを見逃してはならない。そして付け加えるならば、「好きなことをする」といってもその内容が貧弱な子どもたち、若者たち(つまり、「好きなことを仕事にする」という思いだけは一人前だが、どんな仕事や職種があるかまるで知らない子どもたち、若者たち)に対して、「好きな仕事」を考えるための具体的な

素材を提供した，それが『13歳のハローワーク』だったのである。

　もう1冊類書として，中村修二の『大好きなことを「仕事」にしよう』を紹介しよう。周知のとおり，中村はもともと日亜化学工業の技術系研究者であり，実用的な青色(あおいろ)LED（発光ダイオード）を世界ではじめて開発したことで有名になった人である。2000年にカリフォニア大学サンタバーバラ校に引き抜かれ，2002年には，ベンジャミン・フランクリン賞（世界的に優れた科学者，技術者に授与される賞）を受賞している。本のタイトルが示すように，彼もまた自分の好きなことを研究開発して成功を収めた人である。もっとも，彼は好きなことだけをして成功したわけではなく，会社の指示する研究開発を頑張ってやりながらも，売れない，認められない，罵倒されるといった背景，会社への怒りが開発，成功の前史にはある。

> 認識的次元と行動的次元

村上龍の本も中村修二の本も，それぞれの独自性と偉大なる個性とが相まって，十分示唆的かつ有益な本となっている。しかし，「やりたいことが仕事になるのだ！」というメッセージは夢があっていいが，前節の視点で見ると，どちらも認識的次元の提唱ばかりで，それになるまでの努力の過程，行動的次元の議論がほとんど表に出てこない。「プロ教師の会」代表であり『「管理教育」のすすめ』などの著作で知られる諏訪哲二は，この部分を厳しく指摘する。

> 『13歳のハローワーク』を読めば，目に見える目標を立てれば子どもたちは変わるというようなことが書かれています。私は，今まで多くの子どもを見てきましたが，目標を立てて一生懸命に勉強しても学力が上がらない生徒もいましたし，やればできるのに勉強しない生徒もいました。「自我」でそうわかっていても，身体が動くわけではありません。学ぶということは，一つの苦行でもあるからです。

村上や中村が，好きなこと，夢を追いかけるその過程がいかに大変なものか，努力がいかに必要かを述べていないわけではない。しかし，「やりたいことが仕事になるのだ！」という主張に比べれば，そうした叙述はけっして強いメッセージとはなっていない。加えて，彼らの主張を受け取る子どもや若者，教師が，「やりたいことが仕事になるのだ！」という部分だけを都合よく受け取り，行動的次元の議論を見落としてしまっていることも問題である。若者にとっての将来像は，認識的次元と行動的次元のバランスを

第2章 勉強しながら将来を考える

もって形成されていかねばならない。

3 勉強することができるかは行動的次元の試金石

　いろいろ見て考えてきたが，大学生にとって将来やりたいことに向けての行動的次元は主として勉強に表れる，というのがいまのところ私の結論である。これには2つの理由がある。

行動する人，しない人　　第1に，将来やりたいことがあり，その実現に向けて何かしらの行動を起こしていると学生がいうときの，その行動の内容はまさに勉強であることが多いからである。たぶん勉強の内容それ自体よりも，勉強という活動から突き出る将来への時間軸を感じてのことだろうと私は見ている。

　もちろん，ただ勉強ばかりをしている姿をイメージしてはいけない。クラブやサークル，アルバイト，趣味などを楽しみながら，将来に向けてやることもしっかりやる，というのが一般的な姿である。そしてそこでの勉強は，授業に出て自分なりに理解する，課題をしっかりやるなど，そうした正課の勉強であることが多いが，人によってはそこから自分で本を読んだり友人と勉強会をしたり，講演会に出かけたり，あるいはインターンシップやイベントに参加したりするなど，勉強の幅を積極的に広げる者も少なからず見られる。さらに，授業に満足できずブツブツ文句をいっているのだが，それで勉強を放り捨てて遊びほうけるということな

く，授業は適当に出ながらも自分で良いと思う勉強をしっかりやる者もいる[9]。

　逆に，将来やりたいことはあるが何も行動に移していない，と学生がいうときのその行動の内容もまた勉強であることが多いからである。そうした学生は，やりたいことやそれに関連する授業が所属する学部にはない（医者になりたいが工学部にいる，国際経済に関心をもつが自分は文学部の史学科でそういう授業がない，など），授業には出ていてもただ身体(からだ)が教室に行っているだけで頭には何も残っていない，課題も宿題で出るものを適当にこなすだけ，本も読まない，など理由や事情をさまざまに出してはくるが，いずれの場合も正課の勉強が十分にできていないと答えている点では共通している。全般的に，大学での勉強をどのように幅を広げておこなうかは個人さまざまであっても，正課である授業をふまえて勉強をしているか否かは，大学生の将来やりたいことを行動的次元で見ていくときの基本的視座になるようである。

自覚的な努力と忍耐力

　理由の2つ目は，勉強に時間を割き勉強という苦行に立ち向かう行為にこそ，将来に向けて自分はどれだけ本気であるかという思いが込められるからである。一般的に学生は勉強が嫌いである。少なくとも好きではない。しかも，彼らには勉強以外の誘惑，やりたいことが山のようにあり，どれもこれも手を出して収拾がつかなくなる，本業がおろそかになるということが珍しくない。そういう状況で，クラブやアルバイト，趣味に興じながらも，他方でしっかり授業に出たり自分なりの勉強をしたりすることは，たんに勉強しようと思うくらいの気持ちではなかなか貫徹することができないもの

第2章　勉強しながら将来を考える

である。生活を組織化し、タイム・マネージメントをおこなうという、かなり自覚的な努力と忍耐力が必要である。このように勉強を日常的にするためには、たんに勉強の内容だけでなく、将来への欲求、切実さが緊迫して問われるのである。

4 大学は自分を発展させる勉強をするところ

黙々とこなされても困る

しかし、但し書きをつけないと私の主張は誤解を招くおそれがある。

すでに述べてきたように私は、学生たちが本気で将来のことを考えているかを、「将来やりたいこと」という認識的次元で見るのではなく、その具体的実現に向けた行動的次元で見るようにしている。そして、それを見ていく指標は勉強、とりわけ正課をふまえた勉強である、そう述べてきた。

しかし、ただ授業にまじめに参加し、自分がそこで何を学んでいるか、何を学びたいのかなどという自覚もなく、ただいわれることだけを黙々と勉強する学生を私はいいとは思っていない。つまり、勉強することは将来やりたいことに向けての具体的行動として評価していきたいが、それができている学生には、勉強と一口にいってもそこにはさまざまなレベルがあることを伝えていきたいのである。

このような話をしなければならないのは、いわれたこと、与えられた課題を訳もわからず黙々とこなす受け身的な学生が多く、「それでいいのか!」といつも気になっているからである。しかしそれだけでなく、以下に述べるようなことが学生たちのなかに

はじつに大まじめに存在していて、その姿をどう見るかが、今後学生の学びを考える上で、私たちに大きな課題として投げかけられているように思われてしかたがないからである。

> 資格の勉強でいいのか？

将来やりたいことの実現に向けて、何をどう勉強したらいいかわからないと訴える学生は多い。そんな学生がしばしば安易に飛びつくのは、英会話をはじめとする語学、公務員試験、教職の単位、会計士などの資格の勉強である。皮肉なことだが、エクステンションセンターなどの充実した課外プログラムがこれに拍車をかけているようにも見える。もちろん、エクステンションセンターが問題だとはいっていない。

資格を取るとかTOEFLで何点取るとか、そういう勉強のしかたは簡単である。要は試験で点を取れるように勉強をすればいいのである。到達度は試験で点を取ることで測れるし、勉強のしかたは問題に出る範囲の勉強をすることである。自分に足りない力は問題を解いて点数を見ればすぐわかる。資格を取ったりTOEFLで高得点を取ったりすることが簡単だとはいっていない。この類の勉強は高校までの受験勉強と同じで、答えがある勉強だ。だから実際に点が取れるかどうかは別として、「勉強のしかた」は簡単だといっているのである。

私は、やる気を示した学生たちからこの手の話をじつによく聞く。表立っては「頑張れ！」とエールを送るが、内心では少し残念な思いを抱いている。というのも、彼らはたぶんそういう勉強のしかたしかできないのではないかと思うことが多いからである。つまり、答えのある勉強であり、合格、高得点という「かたち」

が与えられるわかりやすい勉強である。しかし、それでは大学受験までの答えのある勉強とまったく同じではないか。大学に入ったら、高校まで身につけてきた基礎知識を土台として、ようやく自分で世界を見る、自分でものを考える、そういう答えのない勉強をすることができるようになるのだ。それなのに彼らは、「きつかった」「詰め込みはもう勘弁してほしい」などと批判してきた受験勉強と同じことを大学でもう一度やろうとする。それはあまりにも悲しいことである。

> 自分を発展させるための勉強をしよう!

公務員になるためには試験がある。教師になるためには教職の単位が必要である。国際社会で働くためには英語ができなくてはいけない。こうした答えのある勉強の必要性を否定してはいない。しかし、将来やりたい仕事に就くためのテスト勉強ではなく、やりたい仕事であろうとなかろうと、生涯自分の頭でものを考えそれを実行していき、少しずつでも自分を発展させていく、そのための勉強を大学でやらないならいったいどこでやるというのか。

公務員であろうが教師であろうが、国際社会で働こうが、現場での仕事に答えはない。大きな意味では最低限の基礎や基本的なルールはあるが、いわれたとおりのことだけをやる仕事などそう多くはない。たとえばブルーカラーの職種のように、いわれたことだけをやるように見える工場の生産ラインの現場でも、個人の能力はさまざまな機会に問われている。具体的にいえば、トラブルが発生したときにどう対処するか、品質管理を高めるための技能をどう身につけていくか、中間管理職になったときに従業員の

志気をどう高めていくか,次から次へとリニューアルする作業工程に部署でどう柔軟に対応していくか,などである。一定程度のマニュアル,それまでの経験の蓄積などはあるものの,それをうまく理解して継承したり不十分な部分を改訂したりする作業は,まさに現場にいる個々人の判断でなされる。ブルーカラーの労働現場でさえそうなのであるから,大卒の多くが就くホワイトカラーの現場ではいうまでもない。昨今の先が見えにくい社会,再構築が次から次へと迫られている社会においては,この傾向には拍車がかかっている。どんな現場であっても,人生つねに自分を発展させるための勉強が問われ続けるのである。

高校までの勉強と大学での勉強

大学での勉強が高校までの勉強と違うことは,誰もがいってきたことである。高校までの勉強には正解があるし,試験にこの問題は出る,この問題は出ないといったように,勉強するべき知識量にも制限がある。それを気にしないで好き勝手勉強してきた者は,私の所属する京都大学の学生でも上位1割以内のトップ層だけである。多くの者は正解を気にし,試験に出る範囲だけでも必死で勉強してようやく合格した(あるいは不本意でもどこかに合格した)というものであるに違いない。

　大学での勉強(学問)には,基本的に正解というものはない。もちろん大学での勉強と一口にいっても,基礎から最先端までレベルはさまざまである。基礎の極に向かえば向かうほど正解があり,少なくともこういうふうに考える,理解するという基礎や基本がある。それは「学問」というよりは「勉強」という姿に近く,大学受験までの「勉強」ともかなり似ている。しかし,最先端の

極へ向かえば向かうほど一律的な答えというものはなくなってきて、いくつかの根拠をもって「こういうふうに見える」「こういうふうに考えられる」となってくるのが一般的である。何を根拠とするかによってある問題や事物の見方や考え方が異なってくるということは、文科系、理科系を問わずにあるのであって、この最先端の極は「勉強」と呼ぶより「学問」と呼ぶにふさわしいものである。もっとも、見方や考え方がさまざまにあるとはいっても、その根拠の取り方にはやはり基礎、基本があって、そこは勉強の成果が十分に問われるところである。ある問題や事物に対しての自分なりの見方や考え方をつくりあげる学問は、基礎や基本をしっかり学んでいることを前提とするのである。

ちなみに、文科系の学生と理科系の学生とでは、この話の受けとめ方にずいぶんと温度差があるに違いない。というのも、文科系の学生はより「学問」に近い勉強がしやすいだろうし、理科系の学生は全般的に「勉強」の極に近い勉強が求められる。しかし、文科系、理科系いずれの学生でも、勉強するベクトルとしては「学問」を志向している点で共通している。それが大学での勉強である。

大学生に「学問」それ自体を求めるのは難しいかもしれないが、このような「勉強」から「学問」への極を一直線上に見据えたとき、より「学問」の極へと向かう勉強が大学にはある、ということくらいがわかってくれればそれでいいと思う。それは、ある問題や事物に対して自分なりの見方や考え方をもつことができるようになるための勉強である。

第3章 **大学での勉強は役に立つ(1)**

学習力を身につける場としての大学

1 大学での勉強は役に立たない？

> クラブやサークル、アルバイトの方が勉強になる？

わが国の企業は大学新卒者の採用に際して、大学での学業成績よりもさまざまな経験や豊かな人間関係などを重視してきた。そのことが相まって、「大学教育への評価は低いが、クラブやサークル、アルバイトの評価は高い」という論法が、学生たち

のあいだでかなり一般的に流布している。

次の文章が書かれたのは1970年代である。大学が大衆化され，おおよそ大学生アルバイトが一般的に広まり，従前からのクラブやサークルがこれに加わり，大学の授業よりもクラブやサークル，アルバイトの方が勉強になる，そういう見方が強まったことを言い表している。

> 援農アルバイトや草刈り運動は，夏休み中の一定期間，学生の方から積極的に身をまかせるものだが，「学習の場」という意味においては，多くの学生にとっては水商売であれ，販売や事務であれ，日常的なアルバイト自身がなんらかの意味で学習の場になっている。
>
> マスプロ化し，教師と学生や学生相互の関係が希薄化する一方の大学のキャンパス。これに対して濃密な人間関係が成立し，勤労の場というよりは，若者同士の一種のコミュニティのおもむきすらみせているアルバイトの職場。卒業後の職

業生活に直結せず，学生の実生活とまったく遊離した大学のカリキュラムに対し，ともかく社会に直結し，生きる実感と生活の知恵を与えてくれるアルバイト。今や一部の大学生にとって，大学は時間を浪費する場であり，アルバイトが勉強の場であるという奇妙な逆転が起こっている。☞12

| 浅羽通明の大学教育批判 |

私のまわりにいる京都大学の学生たちは，評論家の浅羽通明の本の話をよくする。彼らは浅羽の本が大好きである。その彼の本の1冊に『大学で何を学ぶか』がある。☞13 この本の中身はタイトルとはうってかわって，シニカルな大学教育批判で満載である。いくつか論点はあるが，印象に残るものとして次のような言がある。

(1) 訳もわからず授業に出てまじめに勉強するような学生はバカだ。
(2) これまで『大学で何を学ぶか』という本はたくさん書かれてきたが，その著者のほとんどは大学教員なのであって，彼らが「大学での勉強は重要だ」「おもしろい」と説くのは当たり前だ。
(3) 目標のある勉強は別としても，一般的に大学で勉強することなんかが将来何の役に立つのか。いまの大人たちを見よ！大学で勉強なんかしなくてもしっかりやっているじゃないか！

全般的には，著者の強烈な個性が前面に出ていて，（大学教育の現場に責任をもたない者によく見られる）乱暴な論が多く見られる。しかし，少なくとも上にあげた3点は重要な問題提起であ

り一考の価値がある。

　(1)については基本的には同感であるし，私も同じことを何度も述べてきた。もっとも「基本的に」と但し書きをつけているのは，理科系の学生を念頭においているからである。基礎的な勉強を多く求められる理科系の学生にとって，「訳がわかって」勉強することは論理矛盾であることが多い。基礎的な勉強を積み重ねていった後，ようやく事象が見えてきたりそのおもしろさがわかってきたりするのが彼らの世界である。だから，教える側から大事だと与えられる課題をまじめにこなしていくことは彼らにとって重要なことであって，この観点に限定すれば，多少はバカになることが必要である。

　(2)については，私は大学教員であるし，しかも大学教育改革の関係者であるから，話の上ではなおさらたちが悪いかもしれない。しかし，私がなぜ学生たちに「勉強しよう！」と説くのかは，自分の学問をしてきた個人的立場を横において論じてきたつもりである。これについてはここまでに私の考えは述べているとしたい。

　(3)についてはまだ述べていないし，ここがとくに文科系の学生たちにとっては気になるところかもしれない。しかも教育改革の進展にともなって，大学は学生たちに本気で勉強をさせようとしている。それならばなおさらのこと，大学側の人間はこの問いに真正面から答えなければならない。浅羽の(2)の見解ではないが，学者の立場で「重要だ」「おもしろい」といっても，大学に残って研究者になるわけではないほとんどの学生には通じない。(3)について，次節以降で考えてみることにしよう。

2 なぜドイツ人は大学の勉強が役に立つというのか？

　大学での勉強は本当に将来役に立たないのだろうか。また，大学での勉強よりもクラブやサークル，アルバイトの方が勉強になるというが，それは本当だろうか。最近この問題に真正面から取り組んでいるのは，教育社会学者の矢野眞和と小方直幸である。

ドイツにおける大学教育

　矢野眞和は5，6年前に日独比較の研究会に参加して，「大学教育は役に立っているか」についての調査報告を聞いたそうである。彼はそこで議論されたことをふまえて，次のように述べている。

> 　ドイツでは，会社の人事担当者も，本人も，「役立っている」という回答が多いという。その一方で，日本では，多くの者が役立っていないと答えている。経済学系の教育についての話だった。
>
> 　この結果に誰もが「そんなものだろう」と納得するに違いない。ドイツでは，専門ないし職業カテゴリーが社会経済システムの骨格になっているから，大学教育は専門職との関係性から構成される。大学教育が役に立っているのは当たり前であり，そうでないと困る社会である。その一方で，日本の社会経済システムは，専門職や職業によって構成されている

とはいいがたい。それよりも，会社という組織単位によって労働市場は分断されている。したがって，大学の専門教育と社会経済システムとの関係は希薄になる。会社の人事課は，「大学の専門教育には期待していない」と長い間言い続けてきた。採用する人事課がそのように公言してきたのだから，学生が大学教育を役に立つと思うはずはないし，役に立っていたら困る社会なのである。

（中略）その研究会で私が求められたのは，二国の調査報告に対するコメントだったが，「役に立つかどうか」についての回答者の意識は，必ずしも客観的な事実を表現しているわけではなく，文化的な思いこみではないかと発言した。両国の結果が，いかにもステレオタイプすぎて，ドイツは教育の有効性を信じすぎており，日本は信じなさすぎるのではないかと思った。そのように述べたのは，次のような理由による。例えば，経済学を考えてみよう。経済学部の大学の教科書や知識は，いまではどこの国でもほとんど同じだといってよい。そして，卒業生が働いている職場の仕事も，それほど大きく変わるわけではないだろう。職業や仕事の内容を分ける線引きは異なるにしても，同じ業種・職場を考えれば，大卒者が働いている仕事の内容に大差があるとは思えない。☞14

大学教育と仕事とのレリバンス

はたして矢野眞和は次のように問う。大学の教科書すなわち教えられる専門の知識が同じであり，卒業後の仕事も同じであるにもかかわらず，大学教育と仕事との関係が両極端に揺れるのはなぜか。結局のところ，大学教育が扱う内容それ自体が問題

なのではなく，大学教育と仕事との関係性（レリバンス；relevance）を企業がどう見るかという問題ではないのか。

これとほぼ同様の問いに，実証的なデータを参照しながら答えるのは小方直幸である。☞15 小方は日本，欧米の大卒者への質問紙調査を比較検討して，大学教育と仕事とのレリバンスについて次のような見方の差異があることを指摘する。すなわち，①日本の場合は正規の授業かそれ以外（クラブやサークル，アルバイト，友人関係など）かという発想が強いのに対して，欧米ではその傾向が認められないこと，②欧米では専門分野間の相違に関心があり，日本では教養‐専門という科目区分による相違に関心があること，である。

小方は，ここで生じている相違は次のことを暗に前提としているからだと分析する。つまり，欧米では大学教育は役に立っているという前提に立っている。だから，大学教育と仕事とのレリバンスを調べる調査においても，日本のように大学教育が役に立つか立たないか，専門と教養のどちらが役に立つかというような質問ではなく，どういう専門（人文社会系か自然科学系か，あるいはリベラルアーツ〔教育〕系かなど）を学んできた者がどういう能力を身につけているかを明らかにするような質問を設定する。換言すれば，欧米の企業や社会では仕事の観点（職場で重要となる能力）から大学教育とのレリバンスを検討しているのに対して，日本の企業や社会では大学教育の観点（アカデミックな知識，技能など）から仕事とのレリバンスを考えている。当然のことながら，職場と切り離した文脈で教えられるアカデミックな知識や技術が職場にどうつながるかと考える発想は，大学教育の何がどう役立っているかをわかりにくくさせる。それゆえ，大学教育への評価

は低いが，クラブやサークル，アルバイトの評価は高いというあの論法が流布する結果となる。

このように，大学教育が役立つかどうかについては，社会や企業が大学教育との関連（レリバンス）をどのように見るかに依拠するという側面を無視することができない。それは大学教育が実際に役立っているかどうかという話とは次元の違う議論であるのだが，実際にはその議論が学生たちの大学での学習観に大きな影響を及ぼしている。小方が述べるように，この点は社会や企業に見方の改善をお願いしたいところである。

3 コンピテンシーという能力

それならば，将来役に立っている大学教育の効果，大学での勉強の成果というものが実際にあるのだろうか。この問いを考えるにあたって，小方直幸が大学教育で獲得している能力，ひいてはその自覚のもとさらに精錬して改善・発展させていかねばならない能力として掲げる「コンピテンシー」(competency) 概念を紹介したい。

小方のいうコンピテンシーは，図 3-1 に見られる氷山モデルを用いて説明される。それによると，通常われわれが能力として想定するのは，氷山モデルの水面上部分の「知識・技能」である。これは後天的に獲得が可能で，顕在化されたわかりやすい能力である。ところが，職務上のパフォーマンスを規定する能力として重視されるのは，この部分の能力ではなく，水面部分に位置する「態度」「自己概念・価値観」，あるいは水面下の「性格・動機」

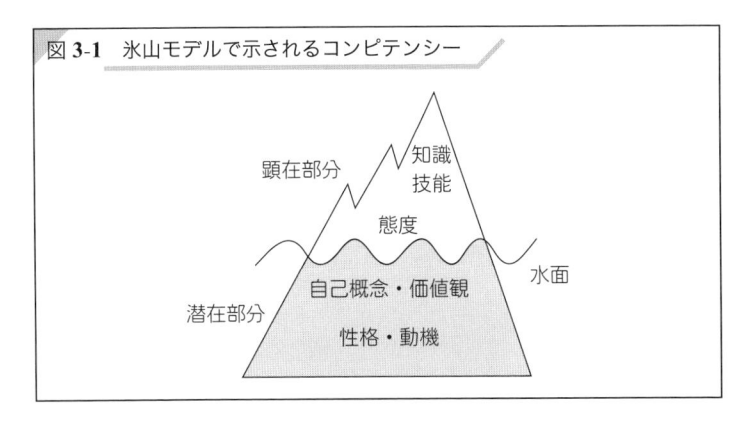

図 3-1 氷山モデルで示されるコンピテンシー

```
                    知識
       顕在部分      技能
                  態度
        ～～～～～～～～～～～～～～ 水面
             自己概念・価値観
       潜在部分
              性格・動機
```

である。これらは顕在化しにくい部分であり、知識・技能に比べて開発が容易ではない能力である。

コンピテンシーは氷山全体の能力とされることが一般的であるが、企業では水面部分の「態度」「自己概念・価値観」に着目するケースが多い。それは「知識・技能」以上に職務上のパフォーマンスを左右するものであり、開発が困難とはいえ、「性格・動機」に比べれば育成の可能性が高いと考えられているからである。前にある学会で聞いたKDDIの人材開発論においても、図 3-1 と似た三角形図式（上から「能力」「熱意」「考え方」）が示され、やはり能力は重要でありながらも、いかにその基底をなす熱意や考え方をもとに育成していくかがポイントであると主張されていた。[18]

コンピテンシーは抽象的に定義される能力の概念であるから、当然のことながら、その能力が具体的に指すものは企業の種類によって異なる。ここではあるコンサルティング会社があげるコンピテンシーの実例を紹介しておく（表 3-1）。[19] それを見ると、企業が重視するコンピテンシーの具体的中身は、知識・技能にとど

表 3-1 コンピテンシーの実例

1	リーダーシップ	メンバーを効果的にともに働くように導く,動機づける
2	強制力	行動基準を設定し,その基準どおりに行動させる
3	育成力	他人の資質を長期的に育成しようとする
4	チームワーク	他のメンバーを評価し,組織の円滑な運営を促進するように行動する
5	達成指向性	目標に執着し,それを超えることやそのために計算されたリスクをとる
6	イニシアティブ	将来のニーズやチャンスを先立って考え,先取りしようと行動を起こす
7	顧客指向性	サービスを受け取る顧客のために行動する
8	徹底確認力	曖昧なことを減らし,詳細なことに注意を払い,系統化する
9	フレキシビリティ	状況に応じて現在の仕事のやり方や方向性を変える
10	分析思考力	原因と結果の因果関係を突き止め,対応策を練る
11	概念的思考力	パターンを見抜いたり,考え方をつなぎ合わせ,新しい見方をつくり出す
12	情報指向性	質・量の両側面から,執拗に情報を収集する
13	専門性	有用な新しい専門知識・スキルを修得し,ビジネスに活かす
14	対人インパクト	論理的・感情的な影響力を意図的に活用して相手に影響を与える
15	対人理解力	言葉で表現されなくても,相手の思考や感情を察知する
16	関係構築力	個人的な信頼関係を築こうとする
17	組織感覚力	非公式の政治力,組織構造,風土に敏感である
18	自信	リスクの高い仕事に挑戦したり,権力のある人に立ち向かう
19	セルフコントロール	ストレス状況の中でも感情的にならないで行動する
20	組織指向性	組織の基準・ニーズ・目標を理解し,それを促進すべく行動する

まらない，態度や自己概念・価値観といった，図3-1の氷山モデルの水面部分の能力まで含まれていることがわかる。

4 仕事に役立つ本当の力は学ぶ力！それは大学で身につけるもの

企業が重視する能力　小方直幸は日本経済団体連合会の「2003年度新卒採用に関するアンケート調査」結果を見て[20]，表3-2に見られるような，企業が重視する能力の対照性を指摘する。つまり，大学新卒者の選考で重視する能力の上位項目は「コミュニケーション能力」や「チャレンジ精神」「主体性」「協調性」であるが，今後ビジネスの基礎・基本として必要になる能力の上位項目は「問題を発見する力」「行動力・実行力」「つねに新しい知識・経験・学力を身につけようとする力」「論理的に考えられる力」である。

この結果が示唆するものは，第1に，大学新卒者の選考で重視される能力がおおよそ大学での勉強とは無関連であるということである。学生たちが「大学教育への評価は低いが，クラブやサークル，アルバイトの評価は高い」という論法をもって，大学時代の勉強に熱を入れないことがここからも示される。

第2に，しかしそれは採用時の話であって，採用された後で重要となる能力はまた別だということである。つまり採用後では，「コミュニケーション能力」や「チャレンジ精神」「主体性」「協調性」といった能力は仕事を進める上での必須・前提能力なのであって，それらはあって当たり前の能力である。採用後に重要と

表 3-2 企業が重視する能力

大学新卒者の選考で重視する能力の上位項目	
項目	該当率
コミュニケーション能力	68%
チャレンジ精神	58%
主体性	46%
協調性	42%
誠実性	38%
責任感	38%
︙	︙
論理的思考力	25%
専門的知識・技能	16%
学業成績	8%

しかし

今後ビジネスの基礎・基本として必要になる能力	
項目	該当率
問題を発見する力	76%
行動力・実行力	75%
つねに新しい知識・経験・学力を身につけようとする力	72%
論理的に考えられる力	67%
状況の変化に柔軟に対応する力	65%

なるのは，仕事を力強く推し進める能力である。それが「問題を発見する力」「行動力・実行力」「つねに新しい知識・経験・学力を身につけようとする力」「論理的に考えられる力」である。これらは先に示した表3-1のコンピテンシーの実例とも合致しており，小方のコンピテンシー論を支えている。学生たちのなかには企業に入ることばかりに心を奪われ，入社後のキャリア形成のことをあまり考えない者が多いが，表3-2の結果は就職時に求められる能力だけでは入社後，力強く進んでいくことができないことを示唆している。

ちなみに，「問題を発見する力」をはじめとする上位4つの能力は，1996年度の同種の調査では上位項目としてあがっていな

かったようであるから，ここ何年かの企業での社員の働き方，求められる能力が，社会や世の中の変動に合わせて激変しているということであろう。☞21

> どこでどのように能力は養われるか

こういう話になってくると知りたくなるのは，「問題を発見する力」「行動力・実行力」「つねに新しい知識・経験・学力を身につけようとする力」「論理的に考えられる力」といったコンピテンシーの水面部分の能力は，いったいどこでどのように養われるのか，ということである。この問いに答えてくれるのは，先に戻ってふたたび矢野眞和である。

矢野は，☞22 首都圏の国立大学1校と私立大学2校の工学部卒業生3051名にアンケート調査を実施し，大学教育が役立っているかどうかの検討をおこなった。分析では，卒業後のキャリア（仕事の出来具合）の指標として「自分の業績評価」と「所得」を変数としている。その結果，まず第1に，大学時代に熱心に勉強に取り組んだかどうかは，現在のキャリアにプラスの効果を与えていないことが明らかとなった。俗っぽくいえば，まじめな勉強派が出世するわけではないし，逆に，サボっている者ほど出世するわけでもない。さらにいえば，授業よりもサークル，交流活動に熱心だからといって出世するわけでもない，と矢野はまとめる。ちなみにこの結果は，いわゆる文系就職をする学生に比べて，知識・技術が仕事に生かされやすい工学部卒業生でのものであり，それでもこのような結果になるということをおさえておきたい。

それでは，現在のキャリアを規定している要因は何なのか。これが第2の結果である。分析結果によれば，それは現在もって

いる知識・能力の水準である。ここでの知識・能力には,「専門知識」「基礎的専門知識」「語学」「社会経済に関する知識」「対人関係能力」「プレゼンテーション能力」「マネージメント能力」が含まれる。つまり,現在のキャリアを規定している要因は大学時代の学習熱心度ではなく,卒業後に培い身につけてきた現在の能力水準だというのである。言い換えれば,就職後の学習効果が現在のキャリアにはもっとも効いているという結果である。

> 大学での勉強は将来のための必要条件

これが本当だとすれば,学生にとって大学で一生懸命勉強することの魅力はますます失せることだろう。ここでの話は工学部卒業生の場合であるから,専門基礎科目はある程度大学で修得しておかなければならないだろうと思う。しかしそれでも,ここぞというところで発揮される能力はとにかく就職後身につけるものなのだから,それならば大学時代は最低限の勉強だけしておいて,あとは思いっきり遊んでおいて余力を蓄え,働くようになってから心を入れ替えて頑張る,そう考える者が続出してもおかしくはない。少なくとも私が学生の時代には,こんなことをいう者はたくさんいた。

しかし,矢野眞和が明らかにする第3の結果は,第2で示した就職後の学習効果は大学時代に熱心に勉強に取り組んだかどうかに規定される,というものである。つまり第1の結果をふまえると,大学時代に熱心に勉強してもそれで仕事ができるようになることはないのだが,就職後仕事ができる人になるために必要な知識・能力を身につけることができるかどうか(第2の結果)は,大学時代の勉強への取り組み方に影響を受けている,というので

ある。換言すれば，大学での勉強は仕事ができるようになるための，十分条件ではなくとも必要条件ではある，というのである。

リクルートワークス研究所の大久保幸夫は，授業以外に勉強しない大学生が47%である一方で，仕事以外に勉強しない社会人は83%であると調査結果をふまえて述べている。このあたりの事情は，本来は身についていなければならない学習の習慣，学習力が社会人でも身についていない，それは学生時代からのつけがまわっている結果とも見て取れる。

勉強する力や習慣は一朝一夕で身につくものではない。ましてや大学教育である。小学校でのかけ算の九九や漢字が書ける，読めるなどのような，明日にでもすぐ役立つ勉強とは訳が違うのである。それは大学への入学以前をも含めて，少しずつ自分なりのかたちをつくりあげてはじめて功を奏する類のものである。子ども時代からのたゆまぬ努力が，後々じわりじわりと効いてくる。矢野が指している結果はそういうものである。

たとえ大学に入るまで勉強を熱心にやってきても，大学時代遊びほうけてしまっては，勉強する力や習慣を取り戻すのにはずいぶんと時間がかかる。しかも大学や社会で求められるのは，答えがあることを基礎としながらも答えのない勉強である。大学受験まで答えのある勉強しかしてこなかった者が，大学時代に遊びほうけて，社会人になって答えのない勉強をすることができるようになると思うのは幻想である。多くの社会人はなかなか答えのない勉強をすることができていない。それはそういう頭や習慣をつくってきていないからだ。そして答えがない世界であるのだから，自分に力がないと自覚することも難しい。これは厄介である。結局のところ，答えのない勉強のしかたは，大学時代から，あるい

はそれ以前から，あらゆる機会を通じて，年月をかけて，少しずつかたちをつくっていくしかしようがないものである。

第4章 大学での勉強は役に立つ(2)

社会や現場と大学での勉強をつなげるのは自分自身

1 大学での勉強は将来にどうつながるのか

　大学が「問題を発見する力」「行動力・実行力」「つねに新しい知識・経験・学力を身につけようとする力」「論理的に考えられる力」などの抽象的な高次能力を身につけたり，生涯にわたって勉強していく学習習慣を身につけたりする場だということそれ自体はよくわかる。しかし，それを聞いた現役の学生が，「そうか，よくわかった。それなら勉強するぞ！」となるだろうか。どうもそこがあやしい。どちらかといえばならないのではないか。人は頭ではわかっても，それで行動できるかどうかは別問題だからである。しかも，そこでの理屈の抽象度がやや高すぎるような気もする。

　学生が大学での勉強に意欲がわかないというときの最大限抽象的な理由は，「大学での勉強が将来にどう役立つかわからない」である。しかし，こちらが役立つ理由をいろいろとあげても，学生が必ずしも勉強するとは限らないという実践報告はいくつもある。

　たとえば，「おつりの計算ができればそれでいいから，方程式

や関数といった小難しい数学など勉強する気がしない」と主張する高校生に対して,「知識は実社会のなかでこんなに役立っているのだ」と示した教育実践がある[☞24]。しかし,生徒は結局勉強しない。というのも,勉強しようという気持ちがもともとないからである。勉強しない言い訳をしているだけだからである。大学での勉強が役に立つかどうかの議論も,この現象と限りなく似ているのではないか。

とはいえ,もう少し違う角度から検討を続けてみたいと思う。つまり,問いの立て方が悪いのではないかと考えてみたいのである。「役に立つのか?」と聞かれて役に立つ理由をいろいろあげても勉強しないだろうが,大学での勉強が将来に「どうつながるのか」あるいは「どうつなげるのか」という問いにおきかえてみると,話はどうなるだろうか。

2 社会や現場への参加型授業に学ぶ

昨今大学は,教室で学ぶ意欲の低い学生たち,あるいは「やらなければ!」とは思っているのだが結果的には大学の授業の意味を感じられず意欲を落としている学生たちを問題とし,その意欲を高めようと社会や現場との接続を図ろうとしている。社会や地域で実践経験を積ませるものや,企業や官公庁などでのインターンシップはその代表例である。授業でおこなうものもあれば,キャリアセンターの職員が教員や大学の正課カリキュラムと連動しておこなうもの,大学生協が学生のキャリア支援としておこなうもの[☞25]など,実施主体や形態は大学によってさまざまである。

また，実践と学問との接続をカリキュラム改編として取り組む代表例が，工学部や医学・看護系学部，教員養成系学部で見られる。たとえば，工学部では「創成科目」[☞26]（たとえば1年生からロボットをつくらせて工学教育の基礎となる勉強の意義を理解させる），医学・看護系学部では「アーリー・エクスポージャー」（early exposure；たとえば1年生から病院実習を入れて現場の体験学習をする），教員養成系学部では教育実習の早期化，ないしは4年間継続的に現場にふれながら勉強をすることができるような教育実習，他のテーマ・プロジェクト，介護，不適応児童の支援活動などとの有機的な活動の組織化[☞27]，といった具合である。これらの背景にも，座学的な基礎的専門科目の学習だけでは学生が実践との関連を意識することができず，学習への動機づけが弱いという事情がある。

3　自分で体験の場をつくる

社会や現場に飛び出す

　前節であげたものは大学側の教育改善，教育改革としての取り組みであるが，「大学での勉強が社会や現場でどう役立つのかわからない」「それが理由で教室での勉強に意欲的に取り組めない」，そういう不満をもつ学生には，この大学の取り組みは逆にヒントを与えてくれるのではないだろうか。つまり，自分で社会や現場に飛び出せばいいのである。何か自分で関われる社会や現場を探せばいいのである。

　残念ながら，工学部の創成科目や医学・看護系学部のアーリ

ー・エクスポージャーなどは、どこの大学でも実施している類のものではない。したがって、うちの大学ではそんな取り組みがない、けしからん、と怒ってみたってしかたがない。また、読者である学生諸君の所属学部は工学部、医学・看護系学部、教員養成系学部以外にもさまざまであろうから、これらの話が現実味をもたない者が多いはずである。さらに、社会や現場との接続を重視する教員がいて、そういう授業を開講してくれていれば積極的に参加すればいいが、そういう教員や授業に出会えない者だってたくさんいる。

　それを前提として私が提案したいのは、大学のせいにするのではなく、社会や現場を自分で探すということである。大学や教員がつないでくれるならそれを有効に活用すればいいが、つないでくれないなら自分でつなぐという発想である。

| 勉強を活用する能力 |

　ずいぶん前になるが、以前私は学生たちと座談会をおこなったことがあって、そこで大学の外での活動に熱心な学生たちが、上述のように社会や現場と大学での学問とをつなぐことが大事だと主張していたことをよく覚えている。たとえば、種々のイベントを企画したりプロジェクトを実施したりして社会活動を広く展開していた国際関係学部4年生のある男子学生は、自分の4年間の経験を振り返って次のように述べた。

　　大学四年間って、こういうふうにすべきだというのを言いたい。要するに、大学というのはどういうスタンスかというと、まず教授がいて、彼から知識を学んで集めて、三年とか

四年とかになったらそのなかから自分の興味ある分野を見つけて、さらに多少本を読んだりフィールドワークをやったりして、その分野に対する研究をする。そして、卒業をする。うまくいったら、その研究分野を活かせる仕事につける。大部分はそれとは関係のない仕事につく。結局は、大学で学ぶ勉強というのは、ある程度知識があって役立つということはあるにせよ、基本的には活かすことはできないように思います。活かす能力も身につける必要があるんじゃないでしょうか。そういうのは普通の授業だけじゃ身につかないところがあって。大学だけじゃなくて、大学の外で実際に責任を持って活動しているNGOとか社会人のいる場の方が、運営とか気合いとか責任感というのを生で勉強することができる。

(中略)

 だから、国際関係学部で勉強したら、世の中いろんな問題があるということがわかるじゃないですか。でも、多くの場合、俺は一見関係ない、そういうふうに見えるんですよ。でも、近くでモノを考えてみると、意外と関係があるんですね。それで、自分が携われる問題を一つ見つけるというか、生涯にわたってやっていける課題を見つけるというか、それをいかにはやく見つけられるかだと僕は思います。(傍点は引用者による)[28]

 彼の主張で興味深い点は、教室で学ぶ勉強を活用する能力が別途必要だということ、それは授業をただ受けているだけでは身につかないだろうということである。そして、(社会や現場の)近くでモノを考えるとき、意外に教室で学ぶこととのつながりが見え

てくるということである。彼にとっての社会や現場は，NGO や各種イベントの場であった。

NGO やイベント系の活動はちょっと抵抗があるという一般の学生でも，それが企業や官公庁でのインターンシップだとなれば，話はずいぶんと身近になるのではないだろうか。同じ座談会にいた法学部３年生の男子学生は，はじめはそうした学生の話に反発しながらも，のちに自分がインターンシップに参加して，彼のいっていることの意味がわかったと述べている。

座談会のときには大学から離れて活動する人たちに抵抗を感じていたのですが，今では大学を離れて社会勉強を積むのもいいのではと思えます。

そう思えるようになったのも，アメリカのコロラド州上院で政治家の下でインターンシップをしたからだと思います。インターンシップをすることで，大学の勉強の価値について見直すことができました。大学に入ってから，法律って無味乾燥で，浮世離れしたもののように感じていました。法学部の私はあまり授業に出なくなっていたんです。ところが，アメリカの議会で四ヶ月間働いて，法律の一つ一つに意味があり，市民の生活を左右しているんだと感じました。それを一番感じたのが，銃の所持可能年齢を一八から二一にあげようという法案審議の時でした。法案審議の場で，一九歳の男性の息子を殺された母親が出てきて，「最愛の息子を失った気持ちを他の人に味わってほしくない！」と涙ながらに証言したんです。銃規制の法律があれば，この母親のような思いをする人は減るわけですよね。法律の大切さを実感しました。

今，習っている「憲法」や「民法」などという法律だって，昔の人のさまざまな争いや悲劇があってできたはずであり，法律を浮世離れだと思っていた自分に恥ずかしさを感じました。

　アメリカから帰国し，法律の授業にも出るようになりました。現在は就職活動中の身ですが，アメリカでのインターンシップの経験が生きるようなところに就職できればと思っています。大学生の皆さんも，「大学の勉強って何の役に立つの？」とか「自分が将来何をしたいんだろう？」と悩むこともあると思います。そのようなときには，ちょっと大学を離れたところで活動してみるのもいいかもしれません。☞29

| 社会と大学との循環 |

　　　　　　　　　　　学生が実際に大学での勉強に動機づけられていった「事実」をもとにして，学生への「勉強のしかた」を説く本に，和田寿博ほかの『学びの一歩』☞30がある。そこでは，ある学生の次のような声を紹介し，大学での勉強を，自分を取り巻く社会や自分の生き方と結びつける営みこそが，学生が大学での勉強に動機づけられていく道であると述べられている。

　入学直後は大学の講義がちんぷんかんぷんで……。教員との距離も遠いから半わかりのままどんどん講義が過ぎていく。そんな時，「自分らで勉強するサークルに入らんか」って先輩に誘われて，「チョットくらい講義の中身もわかるかな」って入ったんです。最初は受け身的でした。でも，サークルで香川県の豊島(てしま)にフィールドワーク（現場での調査・学習）

に行って，不法投棄された産廃の山を歩いたら，普通の道と違ってワクワクするんですよ。臭いもむっちゃキツイし……。現地の人に豊島の産廃には自動車の解体ゴミが多いって聞かされて，うちもちょうどクルマ買い換えたところだったから，「オレんちのクルマもここに来てんかな」と思って，日本社会の矛盾というか歪みを感じたし，それがオレの生活と自分の頭の中で結びついた気がして……。それからですね，がぜん勉強し出したのは。今はイラク問題から不良債権問題から，とにかく何でも吸収したいって思ってます。授業も面白くないやつは反面教師ぐらいに見てやろうって，ちょっと突き放してつきあう余裕も出てきました。☞31

　以上のような，教室のなかでの勉強に不満を覚えた学生が社会や現場に出て実践をおこなう，そうして大学へ戻ってきて教室のなかでの勉強に意味を見出していく，こういう主体的な活動の循環に私は1つの大学での勉強モデルを見出している。つまり，いまやっている教室のなかでの勉強の意味がわからないというなら，教室の外に出て自分の肌で社会や現場の息吹を感じ取ればいいのである。そこでいま自分が何を勉強しなければならないかを考え直せばいいのである。

| 行動を起こそう |

　社会人となって働いている人たちの多くが，「大学のときもっと勉強しておけばよかった」「大学でもう1回勉強したい」とつぶやいている。それは大学時代に勉強しなかったことの反省でもあるだろうが，それよりもむしろ，社会で働くようになって自分が知りたいこと，

知らないことに深く気づいていったからだろうと思う。大事だといわれることだけを勉強すればよかった学生時代と違って，自分の頭でものを考え世界を見ることが求められるのが社会人である。そういうモードに入ると，もっと知りたい，勉強したい，もっと勉強しておけばよかったと思うのは当然のことである。この社会人の感情は大学での勉強の意義を考えるうえで見逃してはならないものである。

　思うに，社会や自分の生き方との接続を図らなくなった現代の学生たちであるから，大学で勉強する知識の中身から社会や彼らの将来とのつながりを考えるのは，結果的には徒労に終わることが多い。学生たちの社会を感じる，生き方を考える力が極端に落ちているからである。それよりもむしろ，学生たち自身にまず社会や現場で活動させて，それを自分の興味，関心，人生の上で位置づけて大学での勉強と接続させることの方が，結果的には効果があるようにも見える。和田寿博ほかの『学びの一歩』が紹介する事例が示唆するのも，結局はそれである。社会や現場で活動するための場は，インターンシップやボランティア活動，大学生協やNGOの活動など，まわりを見渡せばいくらでもある。探せば何かしらはある。そして第2章で述べたように，行動を起こせば何かしらの思考は進む。口先だけでブツブツ不満をいうのではなく，とにかく行動を起こすことが大事だと感じるのである。

4 社会や現場と教室とのあいだを行ったり来たり

> 社会や現場に出るだけではまずい

　もっとも、私は社会や現場で活動する学生たちの主張に、諸手をあげて賛同しているわけではない。というのも、彼らのなかには社会での活動に夢中になりそこに生きがいを感じ、そのために教室で勉強することを蔑ろにする者が少なからずいるからである。また、大学でおこなわれている社会や現場とつなぐ実践においても、社会での活動、ひいてはそこで感じられる充実感や達成感だけに終始していて、そこから教室での勉強にフィードバックしてこないものがかなりある。私はこれはまずいと思う。社会や現場はたしかに勉強の場、格好よくいえば「社会や現場は教科書だ」といいうる。しかし、それだけなら何も大学などいらないではないかと思う。大学生でなくても、そうした活動をやっている者はNGOやNPO、ボランティア団体などのなかにごまんといる。厳しい物言いになってしまうが、どうしてもこのあたりを厳しく見つめ直していかねばと思う。

> 簡単にはつながらないこともある

　大学での学問はどれをとっても、人の営みや社会とまったく無関係ということはありえない。どこかでは何らかのかたちでつながっているし、つながる可能性をもっている。しかし、そのつながり方には直接的なものと間接的なものとがあり、実際に

間接的なものの方が圧倒的に多い。さらに間接的なものと一口にいっても，幾層にも間に重なって，距離が大きく離れた間接的なものが多い。だから，社会や現場で切迫した問題に大学で勉強する知識が即座につながるということは，一般的には起こりにくい。学生たちが社会や現場の方がおもしろい，大学での勉強は虚学だ，と主張するのはきっとこの構造が見えないからである。しかし，次のような例を出せばどうだろうか。

たとえばマルクス主義をはじめとする社会主義思想は，ベルリンの壁もソ連も崩壊したいまとなっては，たんなる古典と成り下がっているかもしれない。その意味では，それらの知識ないし学問は今日の人の営みや社会と相当の距離をもっているといえるし，ひいてはその距離の遠さが，学生たちにそれらを学んでも役に立たない，などと思わせてしまうことにもなる。しかし，社会の先行きが見えにくい昨今のわが国において，いまどういう状況にあるのかを長い歴史のなかで俯瞰して見定めるという作業に迫られることがある。そのときに，大正時代の社会主義運動や戦後激化した左翼系学生運動についての知識がその位置づけに必要となってきたとしたら，それを知らない者はいったいどうするのだろうか。無知な個人が失笑されるくらいのことなら被害は小さいが，それが国レベルの規模なら笑い話ではすまない。

また，プラトンやギリシャ悲劇，シェイクスピアの作品を一生懸命研究している文学や歴史，哲学の研究者は，贅沢な趣味にふけっていると学生や市民に揶揄され，もっと役に立つ学問をやれなどと罵倒を浴びせられることがある。こうした文学や哲学，歴史研究は，われわれの日常の生活や社会からは相当な距離をもって離れている。その意味で，学生たちがおもしろくない，何でそ

んなことを学ばなければならないのか，市民が「もっと役に立つ学問を！」ということはわからないわけではない。しかし，それはあまりにも見識が狭いというか，無知蒙昧というものだ。たとえば，ヨーロッパの人と仕事をするとき，ホメロスやシェイクスピアの話が出てきて盛り上がることがある。こうしたちょっとしたスモール・トーク（雑談）は，仕事で相手とつきあっていく，交渉を進める上でかなり重要である。人は映画や音楽，マンガを楽しむのと同じように，小説を読み，それを楽しむ文化的素養をもっている。この文化的素養を共有できるかどうかは，仕事に限らず，人が人とつきあっていくうえできわめて重要である。音楽の趣味があえばすぐ友だちになれるのと同じように，小説や文学を通じて人と人とのつきあいが円滑におこなわれるということはあるのである。

もう少しいえば，ホメロスやシェイクスピアの小説や劇は縁遠くても，美術館にはけっこう多くの人が行くだろう。西欧画家の絵画展であれば，ギリシャ神話にまつわる絵画は無数にあるし，ナポレオンやジャンヌ・ダルクといった歴史で登場する有名な人物がカンバスの中心テーマ，物語となることさえ珍しくない。そのときに歴史も小説も神話も何も知らないでは，いったい何を味わうというのだろうか。そして，そこに行った人と何を話して盛り上がるというのだろうか。しかし，社会や生活とのつながりが何も示されずただ教えられるだけの大学の授業では，学生たちはなぜ学ぶのか，それらは自分たちの将来にどのようにつながってくるのか，といつも疑問を抱いている。歴史や小説，神話に関する知識は，そうした不満が発せられやすいものの1つである。

つなげるのも自分自身

大学で勉強する知識は，人の営みや社会と何らかのかたちではつながっているし，つながる可能性をもっている。しかし結局のところ，つなげるのは個人であるし，つなげる可能性を実現するのもまた個人である。つまり，ある事象とある事象とのあいだには関係があるのではないかというかたちで，知識と知識とを，あるいは社会や現場での問題と知識とをつなげるのは個人なのである。一見自明のつながりに見えるときでも，そのつながりは誰かによってつくられたものである。つながりを自分でつくることは，ある問題や事物に対して自分なりの見方や考え方をもつ，ということである。知識が頭に豊富にあればいいというものではないが，このつなげる作業においては，知識はあればあるほど有用であるし，逆に何も知らないとまるで見方や考えが浮かんでこないで，自分の無知を嘆くことにもなる。

教室のなかでの勉強に不満を覚えた学生が社会や現場に出て活動し実践をおこなう，そうして大学へ戻ってきて教室のなかでの勉強に意味を見出していく，ということを前節で述べた。なぜそういうことが起こるのか。それは，ただ社会や現場に出たから大学での勉強に意味を感じるようになったというのではなく，自分の頭で社会や現場の問題を考え，その結果，知識同士がつながってくる経験，さらには知識を得るともっとつながるだろうというつながりの可能性を信じられる経験を暗にしたからだろうと私は考えている。言い換えれば，自分のもっている知識，もっていない知識，もっとこういう知識を知りたい，そういう自分のもっている知識世界の構築・再構築に敏感になって戻ってきたからだと思うのである。

大学から逃げない

だから，社会に飛び出していく学生たちに大学の教室での勉強から逃げてほしくないと思うのは，大学で勉強する知識はいま彼らが直面している社会や現場での問題に即座に役立たないにしても，長いスパンで問題に取り組んでいけば，どこかで役立ってくることがあると考えるからである。どのような次元の問題に取り組むかにもよるから一概にはいえないが，少なくともどこかで何らかのかたちでつながる可能性をもっている。勉強とはその可能性，ひいては自分の発展可能性を信じておこなうものである。

結局のところ，大学での勉強が将来とどうつながるかわからない，社会に出てから役に立たないなどと不満をもらす者は，ある問題について自分の頭で考えるということをしたことがないのだと私は思う。先にも述べたように，知識と知識，社会や現場の問題と知識とをつなげるのは個人である。この作業をしない者に，知識の有用性をいくら説いてもわからない。問題は何でもいいのである。ある問題についていったん自分でものを考えてみるといい。そうすると，自分がいかにものを知らないか，知識がないかがよくわかる。そうなると，どんな知識でも，学べるものは学べるときに学んでおこうという意識になる。こういうモードになると，大学ほど楽しい場はない。

5 結局のところ……

認識と行動の問題・ふたたび

しかし，本章の結論としては第2章と結局同じことをいわざるをえない。つまり，認識と行動とは別次元であるというあの話である。

社会や現場と知識とをつないで教室での勉強に戻ってこようが，どういうかたちであろうが，そこで得た勉強の意味を日々の学生生活のなかで持続させることは至難の業である。たとえ工学部系の創成科目でロボットをつくってみた結果，もっと線形代数や微積などの基礎数学や力学を勉強しないといけないと思ったとしても，その思いを日常のなかで忍耐強く維持することはなかなか難しい。

結局のところ，認識と行動の双方の次元をバランスよく，しかし独立して実践していかなければならない，というのが私の結論である。人は訳もわからず行動することなどできないのだが，訳がわかったからといって行動することもできないのである。両次元の努力はまた別物なのである。だから，認識的次元の問題でつまずいている状態がある程度解決されたなら，行動的次元での勉強はそれとはやや独立して考えていかねばならない。本書では第II部の行動編を独立して論じているが，それは両次元の独立性を考えてのことである。

> 大学での勉強の実際の効果を知り，知識の有用性を感じる

また，もう1点述べておきたいことは，大学での勉強がどう役立つかという問題は，実際の効果という側面（第3章参照）と，学生がどう知識の有用性を感じるかという側面（本章）とを切り離して論じなければならないということである。たぶん，学生のやる気を引き出すには前者の実際の効果論では効き目が弱い。むしろ本章で述べてきたような，後者の知識の有用性を感じさせるような手立てを図っていくしかない。つまり，知識の内容をもってつながりを感じさせなければ，なかなか勉強のやる気は出てこないと思うのである。

しかし，教員が外からそのつながりを教えてもなかなかわかってくれないことは，すでに述べたとおりである。自分で社会や現場と知識とをつなげさせなければ，なかなかわからないのである。わかったといっても，それは口だけなのである。だから，社会や現場とつなぐような授業やプロジェクト，あるいはそうした場所へ出ていくことを促すような取り組みが必要となると考えるのである。これがいまのところ，私の結論である。

6 社会人の意識から見た大学での勉強の効果

> 社会人は大学での勉強をどうとらえているのか？

私はすでに働いている社会人の意識レベルで，大学での勉強が学生の将来にどう役立っているととらえているかという問題を別途検討してきたので，本章の最後にその結果だけ簡単に報告しておく。

私はこれまで，人材開発，社員のキャリア・デザインに関わる企業の人たちといくらか話をしてきた。また，「仕事で成功する」式の本を，ラーメン屋から市場，デパートの店員，バイヤー，幹部クラスの仕事術，コンサルタント，セレブ，起業家など分野を問わず片っ端から集めて読んでみた。私は大学での勉強にどこか引っかかる話がないかと意識しながら，人と話をし，本を読んだ。つながりがあるかどうかを知りたいときに用いられる，あえてつながりは聞かない，求めないという方法論で。

　しかし，この作業はかなりの徒労に終わった。つまりそんな引っかかりは，基本的にまったくといっていいほど出てこなかったのである。もちろん，技術系社員や専門職に就く者（たとえば教師や社会福祉士，医師，薬剤師など）にとって大学で勉強する知識，とりわけ専門基礎知識は将来に役立つに違いない。そうでなくとも，たとえば法学部を出た者がたまたま会社のある事業に関する訴訟に関わり，学部時代もっと勉強しておけばよかったなどということもある。それも仕事と大学での勉強がつながる例とはいえる。しかし，そのような学問の内容が直接専門職につながる（ないしはそれに準ずる）と考えられる場合は，ここでは除外して考えている。

　そこで考えさせられたことは，大学の教員が大学教育を語るとき，学力低下や高校までの教え方の悪さ，受験の弊害，親のしつけの悪さ，など過去に遡ってあれだけ悪口雑言を繰り返すことに比べれば，企業の人たちは驚くほどに仕事をするうえで大学での勉強（ないしはそれ以前の勉強）とのつながりを問題にしない，意識しないということである。多少のつながりは意識されるにしても，それは私がかなり深読みをしているせいであって，基本的に

はないと考えてよい。もっとも，意識レベルでつながりがないということ＝（イコール）効果がない，ということではない。そこは第3章につながる話だと理解してほしい。

　先の方法論とは逆の，あえてこちらから大学での勉強とのつながりについて尋ねていくという方法論を用いれば，向こうから意識的に接続してくれる。そのレベルの話であることを前提とすると，あるメーカーの大手企業の幹部の人が「大学では勉強することが大事だ」「クラブやサークル，アルバイトでの頑張りと勉強での頑張りとは次元の違う問題だ」と力説していたことを印象深く思い出す。つっこんで尋ねる時間がなかったので憶測ではあるが，そのときの彼の話のイメージはたぶん卒業研究である。問題意識を設定して，論文や本を読み仮説を立て，あれこれ苦戦して検証や論証を試みる。1つのことに向かって精一杯頭と体を使って苦労する経験，先生に見てもらって「ダメだ」といわれて落ち込む経験，助言をもらい考え抜いて「ああ，そうなのか！」と一抹の光が見えてくる経験，そんなことが重要なのだというのである。それは彼によると，会社で企画を立案しプロジェクトとして遂行するときの過程に似ている。

大学での勉強の効果とは

　この話が示唆するものは何かというと，大学での勉強の効果が表れるのが，図3-1で示したコンピテンシー・モデルの水面や水面下の部分（態度，自己概念・価値観，性格・動機）だということである。それは仕事をおこなう上ではあまり意識されないレベルの能力であって，かりに大学での勉強で培われているとしてもかなり無自覚な類の能力である。しかし，こうして企業

の人にあえて大学での勉強との関連を尋ねれば，何かしら近いかたちで十中八九出てくるものではある。

　同じ話を，もう少し一般化して述べている哲学者の鷲田清一の言を紹介しよう。彼は，

　　学ぶというのは，自分の知らないことを知るということだ。自分が砕け散るという体験なくして"学ぶ"ということはありえない。まっすぐ逸れなく進むというのではなく，躓く，揺れる，迷う，壊れるということ，"学び"はそこからしか始まらない[32]。（ルビは引用者による）

と述べる。それは上記の卒業研究での経験と近似している。
　鷲田が大学での勉強に「砕け散る」体験が必要だと説くのも，

結局のところは自分の頭である問題を考え抜くことが重要だといっていることと相等しい。第4節の最後で，大学での勉強が将来にどうつながるかわからない，社会に出てから役に立たないなどと不満をもらす者は，ある問題について自分の頭で考えることをしたことがないからだ，とちょっと厳しいことを述べてしまったが，結局は鷲田の述べていることと同じである。自分の頭である問題を考え抜く過程にこそ，「自分の知らないことを知る」「躓く」「揺れる」といったことがある。それこそが大学での勉強なのである。

第5章 自分なりの見方や考え方をもつために

　1994年に出版された東京大学教養学部「基礎演習」テキスト（文科系用）の『知の技法』は、たぶん組織的に編まれた「勉強のしかた」なる本の、きわめて嚆矢なる部類に入るものではないか。各章は、学問をおこなううえでの「行為論」「認識の技術」「表現の技術」を、教員の実際の研究テーマに即しながら解説するものである。大学の研究者がどのように学問探究をおこなっており、その背後にどのような技法が隠されているかを興味深く示している。その後に出版された『知の論理』(1995年)、『知のモラル』(1996年)とあわせて「知の三部作」といわれており、意欲のある学生には一読をお勧めする（なお、1998年には知の三部作の続編『新・知の技法』も出版されている）。

　学問とは何たるか、そのための知の扱い方、技法とはいかなるものかを伝える目的で書かれているから、他の類書に比べると、「勉強のしかた」なる本としては格段にレベルが高い。第2章の最後で述べたように、大学での勉強はある問題や事物に対して自分なりの見方や考え方をもつことができるようになるためのものであり、より学問の極へと向けられた性格のものである。この視点から『知の技法』を読むと、やはり学問、学問といっているだけあって示唆的な箇所が多い。もっとも『知の技法』は、（東京大学の学生に研究者養成を目的として説くためかもしれないが）ただ

自分なりの見方や考え方をもつことができればそれで学問になるわけではない、と執拗に説く。そして、それこそが「知の技法」とタイトルがついている所以でもある。本書は研究者を目指す学生を読者対象とはしていないから、そこまではいわない。

> 意見はつくるもの

さて、本章のテーマである「自分なりの見方や考え方をもつための勉強のしかた」を考えるうえで示唆的な点は、「結び」にある次の文章である。

> ところがしばしば、連続したセミナーの最初の回におそらく最後までつきまとう問題が立ち現れます。誰かの発表があります。終わると主宰者は「何か意見ありますか？」と訊ねます。誰も意見を言いません。セミナーが始まらない！
> この「何か意見がありますか？」には大きな誤りがあります。訊ねる方は、ある発表を聞いていたら自然と何か意見が湧くだろうと思ってこう言います。訊ねられた方のなかで、発表をなるほどと聞いた人は「自分には特に意見は無いな」と考えます。変だな、わからないなと思った人は「よくわからないから意見など無いな」と考えます。結局どこからも声が出ない。せいぜい、「何かわからないことがあったら質問して下さい」とうながされて、「——のところがわからなかったのでもう一度説明して下さい」という質問だけが出る、という、実に寂しいセミナーとなります。
> (中略)
> 誤りは聞く方も聞かれた方も、「意見」というものが自然と湧き出てくるものだと考えるところにあります。(中略)

意見は作るものです。ある議論に対して，意見やコメントが自然に湧いてくると思うのは間違いです。あなたがたとえばセミナーの参加者で，その道の達人でなければ，適切な発言をするためには「なにか発言をしてやろう」と最初から意識的に心がけることが必要です。☞34（傍点は引用者による）

「意見とはつくるもの」なのだ，という主張。これはまったくそのとおりだし，傾聴に値する。私の場合でも，学会やシンポジウム，セミナーに参加していて，「何かいってやろう」と思って聞くのとただ漠然と聞くのとでは聞き方がまるで違う。漠然と聞いた後で何か気の利いた質問や意見をすることはとても難しいし，ある事情で突然，
「溝上先生，何かコメントをお願いします」
などと振られても，結局は自分でも何をいっているかわからないようなコメントをするのが関の山である。こんな経験は私でさえいくらでもあるのだから，いわんや学生をや，である。

どうやって意見をつくるのか

それではどうやって「意見をつくる」のかということについてであるが、これに対して『知の技法』は、

> 良く聞いて、"同意しない"ことです。反対すること、といっても良いのですが、反対するという語の意味あいにふくまれる、真っ向から対立するという点を強調すると、(中略) 意見は作りにくくなります。それよりも、発言者の言っていることはなにかわかりにくいが、それは自分の考えと違っているからではないか。なるほどと思えてもどこか同意できない点はないか。そのように考えることのほうが意見は作りやすいでしょう。☞35

と回答する。つまり、「反対」ではなくて「不同意」に基づく意見形成を説いているわけである。これも十分に納得できる。

しかし、不同意を示すためには発表を聞きながら、素朴なものであっても自分の経験やもっている知識、これまで考えてきたことをいろいろ引き出し、論じられていることとすり合わせていくという力が問われる。私はこうした力を授業のなかだけでつけていくのは難しいと考えている。というのも、京都大学の学生でさえ「意見はつくるものだ！」といっても、うまくできない者がけっこういるからである。要は慣れていないのである。京都大学の学生でさえそうなのだから東京大学の学生でも、『知の技法』が前提となっているような基礎演習の授業に出席するだけで、不同意の意見をつくりだす力が身につくとはなかなか考えにくい。

私はそうした力はむしろ、日常生活のなかで不断に努力して習

慣化し，身につけていくものだと考えている。授業はそうした力の必要性，重要性を知るきっかけにすぎない場だし，日常的に習慣化したものを精練していく場である。ひいては，あらゆる意味において，自分を発展させる勉強をしていくきっかけを与えてくれる場である。そういう話であれば，基礎演習の趣旨はよく理解できる。

> 日常生活のなかでの努力と習慣化

そして，この話は何も「意見をつくる」ことに限定されるものではなく，大学での勉強が将来にどう役立つか，どうつながるかわかりにくいと不満をもらすことにもあてはまることである。つまり，授業にただ出るだけで，将来必要だと思われる知識が得られたり，そこで教えられることが将来につながると感じたりするようになると考えるのは傲慢なのである。大学での勉強が将来に役立つ，つながると感じられるようになるためには，日常生活のなかでの不断の努力と習慣化が必要なのである。何を努力し習慣化するのか。それは，自分は何に興味，関心があって，それについて何を考えていて，何を知っていて何を知らないのか，そういう思考の習慣と知識の習得である。

　答えのある，限られた知識しか扱わない高校までの勉強であれば，授業を一生懸命受けて与えられる課題をこなしていけばそれで十分だったかもしれない。しかし，大学以降社会に出てから問われるのは，自分の頭である。自分は何に興味や関心があって，それについて何を考えていて，何を知っていて何を知らないのか，という自分の頭である。それは残念ながら，ただ授業を受けるだけでつくられる類のものではなく，日常生活のなかでそうした思

考の習慣や知識の習得を主体的に心がけることでしかつくられない類のものである。だからそれができない者は、大学での勉強が将来につながると感じることはなかなかできないだろうし、ましてや「自分なりの見方や考え方をもつ」などということはいつまでたってもできないだろう。

日常生活のなかで個人の頭が問われる状況は、他人が何とかしてやることのできない不可侵領域である。どんなにすばらしい授業をする名教師であっても、どんなに世話好きな人であっても、日常生活のなかでの個人の頭のつくり方にまで踏み込むことはできない。それは、個人が自覚的に日常生活のなかでつくっていくしかないものである。

「自分なりの見方や考え方をもつための勉強のしかた」は、授業以外の日常生活のなかでいかに勉強をおもしろく、忍耐強くやっていくかにかかっている。授業から出発して勉強をするのではなく、日常生活のなかから出発して、授業をその一活動として位置づけて勉強するのである。具体的には、第4章で紹介した社会や現場の実践に参加してそこで生じた問題意識を自分の頭で考えるということでもいいし、身近なルーティン作業としては第II部の第6章で述べる新聞記事のスクラップ作業をやって、自分の頭のなかを整理、確認するということでもいい。読書はもちろん重要であるから、第7章はぜひ参考にしてほしい。そうした授業外の勉強に取り組めるようになったら、第6章で述べる日々の生活の組織化の重要性が見えてくるはずである。ここまでくれば、もう本書など必要ではない。そこでは、自分なりのオリジナルな勉強のしかたがきっと芽生えているはずである。

第 II 部

行 動 編

　第II部は，大学生の学び方における「行動編」である。人は勉強する意義がわかっても，それを行動に移すことはなかなかできない。勉強する意義を自分なりに理解するという認識と，実際に日々勉強していくという行動とは別次元の問題なのである。第II部でおもに扱うのは，日々の大学生活のなかで忍耐強く勉強をしていくために必要な，「生活フォームの確立」「読書」「勉強会・自主ゼミ」「課題・発表」である。

　第6章　生活フォームをつくろう！
　第7章　本を読もう！
　第8章　勉強会，自主ゼミをやろう！
　第9章　1回1回の課題や発表を大事にしよう！

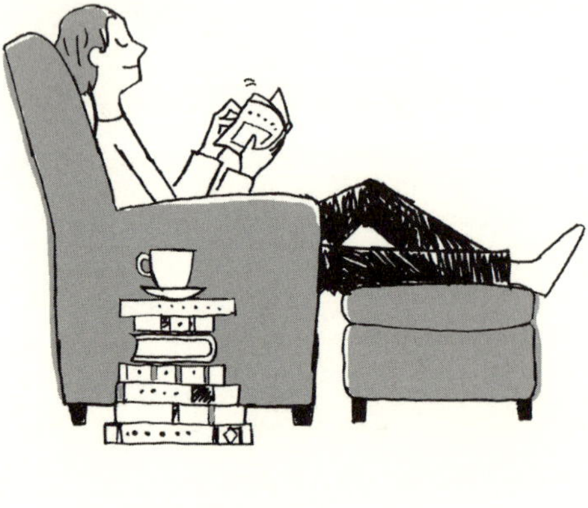

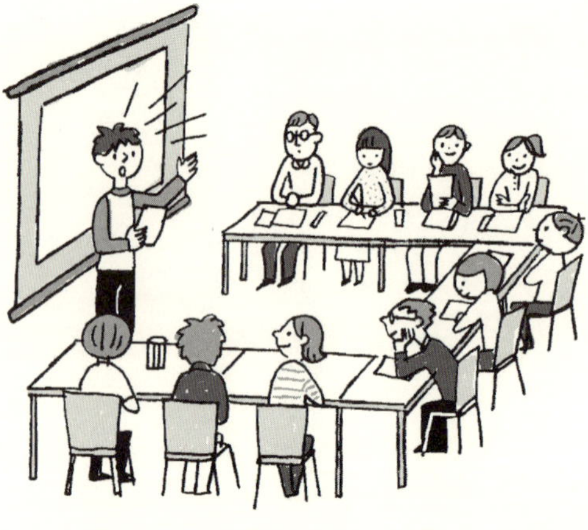

第6章 生活フォームをつくろう！

1 将来やりたいことを考え続けるための新聞記事のスクラップ

　将来像を考え続ける重要性を第Ⅰ部の第1章で説いた。しかし，何の刺激や課題もなく将来やりたいことを考え続けることはじつに難しい。

　この問題に関して，新聞記事のスクラップ（切り抜き）を日常のルーティンワークとして勧めるのは，地域・産業史研究者である森靖雄の『大学生の学習テクニック[36]』である。具体的にいえば，朝日新聞でも読売新聞でも毎日新聞でも日本経済新聞でも何でもいいから，毎日，新聞記事を読んで，そこからおもしろいと思った記事，将来もう一度見たくなりそうだと思った記事をスクラップするのである。「スクラップして何になるんだろう」とか「何がおもしろいんだろう」などとあまり深く考えないことが続けるコツである。とにかく，「おもしろい！」と少しでも思ったらスクラップするのである。

　この作業をしばらく続けていくと，あるときスクラップを振り返ってみて，はじめは「教育に関心がある」とか「国際社会に興

味がある」といった漠然としていたものが，教育のなかでも○○，国際社会のなかでも○○といったより具体的なものになっていたり，教育のなかの○○，△△，××といったように関心の幅が広がっていたりすることが自分でもわかるだろうと思う。

　スクラップの作業は，たんに自分の将来やりたいことを考え続けるためだけでなく，それまでは知らなかったほかの出来事や世界に目を開かせることにもつながる。自分が知っている世界などたかが知れている。それを広げてくれる身近な媒体は何といっても新聞である。興味のない記事も含めて全般にわたって情報が掲載されている。それを毎日一定程度見渡して，自分の関心事を確認し，場合によっては世界を広げていく。この作業は，私のように専門ややりたいことがかなり明確な人間でも，毎日欠かせないルーティンワークとなっている。だまされたと思ってぜひやってみてほしい。

2　日々の生活の組織化

やりたいことはいろいろある

　本書では勉強の話ばかりをしているが，普通の学生ならクラブかサークルの1つはしているだろうし，アルバイトや友人とのつきあいもあるだろうと思う。旅行もするだろうし，自動車の免許も取らなければならない。やりたいことは山ほどあるのが普通である。そんななかでたんに授業にまじめに出るだけでなく，授業は勉強の一要素と見なして自分を発展させるための勉強をしていこうというのだ。あまりに忙しくて，並大抵の努力では

そんな勉強はなかなかできないに違いない。自分を発展させる勉強をどうやってやるかだけでも難しいのに，それを日々の忙しい生活のなかで実現していくこともまた，それに負けず劣らず難しいのである。

しかし，そうかといって「忙しい，忙しい」とぼやくだけで日々を過ごすのではあまりに情けない。大学生でそれだけ忙しいなら，社会人になればもっと忙しくなると思ってよい。現代人にとって，忙しい日々のなかでやりたいこと，やらなければならないことをやりくりしていくことは，人生においてたえずつきまとう課題なのである。

> 千葉敦子の生活の組織化

私が日々の生活を自覚的に組み立てること，つまり生活の組織化の重要性に気づかされたのは，フリージャーナリスト（フリーランスのジャーナリスト）の千葉敦子の本によってである。私は大学に入学した頃，何気なく彼女の『乳ガンなんかに敗けられない』☞37という本に出会った。乳ガンに関心があったわけでもなかった当時の私がなぜ本屋でこの本を手にしたのか，いまだになぞだが，この本が私の人生観の基盤を形成するきっかけとなったことはたしかだ。

千葉は1964年から東京新聞で記者をし，1967年にニューマン・フェローシップを得てハーバード大学大学院に留学，1975年からフリージャーナリストとして独立して国際的に活躍，1980年に乳ガン発症，1987年にニューヨークに移住して仕事をしながら死去，そんな人生を送った人だ。1960〜1970年代といえば，まだ女性が男性と肩を並べて仕事をするのが当たり前で

なかった時代だ。そうした時代に彼女がパワフルに仕事をしていくのであるから，周囲の男性，女性のなかには彼女の個人主義的な，ときには虚勢をはった言動を眉唾物として見る者が少なくなかったようである。

　私が彼女から得たものは，仕事をしていく上で日々の生活をコントロールすることがいかに大事かということである。日々をどのように過ごせば仕事がはかどり，自分が楽しめるか，自分が成長するために何が必要か，彼女はそうしたことをたえず考えている。そして，すぐ実行してかたちにしていく。生活の組織化を自覚しているといってもよい。ときには突然の電話，友人たちとのつきあいなど，日常生活では自分の思いどおりにならない突発的な要素がけっこうある。そういう場合にどうするのか，それ自体への対処なども彼女は組織化している。ガンになり入院しても，手術してから3日後には原稿を書き始める。大部屋だから1人でものを考えられないと嘆く。読んでいて本当にいろいろ考えさせられる。

自分の頭の働き具合を知る

　私の日々の生活を振り返ってみても，千葉敦子ほどではないが，ある程度の組織化はなされている。午前中はとにかく原稿書き。午後は授業やお客さんへの応対，調べ物，夕方からは資料整理や読書というように。プライベートは土日のどちらかであるが，その日でもたとえば午前中はできるだけ原稿を書くようにしている。

　火山地質学者の鎌田浩毅は，

一日の中で頭が本当に創造的に働くのは、せいぜい一時間程度である。(中略)この貴重な一時間に、何をするかが大事である。もっとも頭の働く時間を、もっともクリエイティブな仕事に向けようというのだ。(中略)学生ならば、新しい科目の勉強をはじめる。会社員だったら、企画書を書き上げる時間とする。会社のトップなら、組織を改編したり役員を選定したりする時間となろう。☞38

と述べる。これはよくわかる。1日の自分の頭の働き具合をメタレベルで見ていると、私の場合は朝がいちばん頭が働いている。もちろん朝起きてすぐはダメだが、30分から1時間もすれば、頭が相当まわっているという感じを受ける。原稿を書くには、細部→全体→細部……といったように、細部へのフォーカスと全体の俯瞰を繰り返すから、全体を俯瞰することのできる頭の冴えがないと、細部は展開しているが全体としてはどこに筆が向かっているかわからなくなり、結局後で書き直しとなってしまうことが多い。私が午前中に原稿を書くようにしているのは、頭がもっとも働いている時間帯が午前中だと経験的にわかっているからである。

　そして、午後は授業やお客さんへの応対、調べ物、夕方からは資料整理や読書となっているのも、鎌田が指摘することと同じ時間の使い方である。鎌田は、

　そして、その(創造的な)時間が終わったら、さほど頭脳労働を要しない仕事をする。ノートに写したデータを整理したり、図表をつくったり、頭を使わない作業に当てるのだ。打ち合わ

せや挨拶回りなどを，この時間に割り当てることも可能である。この間に頭を休めることができる。要するに，自分の持ち時間にメリハリをつけるというわけである。(括弧内は引用者が補足)☞39

と述べる。私の場合，昼食をとった後の午後は眠くてまるで頭が働かない。全体を俯瞰する作業など，とてもではないが無理である。だから無理してでも起きているように，授業を午後のコマに入れたり，学生の指導やお客さんへの応対を午後にしたりしている。原稿を書くことに比べれば，いくら大まじめにやっても，授業や学生，お客さんとの応対で頭を働かせることはずいぶんと容易なことである。

生活のリズムを生み出す

以前は生活のリズムということをあまり考えずに，ひたすら原稿を書き，合間に本や論文を読み資料整理をする，そういう無秩序というか力任せの日々を過ごしていた。寝る時間もてんでばらばらで，朝方まで原稿を書いていることも多かったし，そのまま朝一の授業をおこなうことも珍しくはなかった。リズムは悪いがそれは，私なりの1つの生活の組織化であった。こんななかでも頭の回転がいいときがあることを自分なりには自覚していたし，不十分な点は多くても，このリズムのなかでそれなりの仕事をやってきた（不十分なのはリズムよく日々を過ごしても避けられないものだ）。

しかし，若い，若いといわれる私でももう30代半ばを折り返し，40度近い熱を1，2カ月おきに出して倒れるのであっては体がもたない。「これはまずい」とあるとき思った。そこで，上述し

たようなリズムのいい生活に切り替えたのである。もちろん，リズムがいいとか規則正しいということそれ自体が重要なのではない。自分を発展させる活動をリズムよくやっていけるような，日々の生活になっているということが重要である。

さあ，読者のみなさんはどうだろうか。自分の日々の生活がどのように成り立っているかを考えているだろうか。どういうときに自分は勉強をし，どういうときに遊んでいるかを考えているだろうか。自分の日々の生活は自分を発展させるように組織化されているだろうか。

先の千葉敦子は，朝仕事を始める前に1日やることのリストをサイドボードに書き出していた。そして，どれはその日に必ずやらないといけないもので，どれは時間に余裕があれば仕上げるもの……といった具合にやることの優先順位をつけていた。

学習技術研究会編『知へのステップ』☞40という大学生の勉強のしかたを説く本でも，勉強をしっかりやっていくためには，日々の生活の組織化が重要だと述べる。そして，「年間目標」と「週間スケジュール」を，図6-1☞41や図6-2☞42のように仕上げていくことを課題にしている。それはまるで千葉のやり方にそっくりである。生活の組織化をどうやればいいかわからないという読者は，まずこれを参考にして始めてみてはどうだろうか。

| 京都大学の学生の勉強のしかたの実際 |

本書の巻末付録に，2人の京都大学の学生に頼んで書いてもらった勉強のしかたを掲載している。「京都大学の学生だから特別だ」などといわずに，ぜひ読んでもらいたい。彼らは京都大学の学生のなかでもトップ1割以内に入る気合いの入った学

第6章 生活フォームをつくろう！

図 6-1　年間目標の記入例

【作業1】　この1年で「やってみたいこと」を思いつくままに書き出してみよう（10個まで）。
【作業2】　マーク欄に，あてはまるマークをすべて書き込もう。
　時間がかかる…★　お金がかかる…¥　すぐできる…○　必ずやる…◎
【作業3】　備考欄に「目標到達予定日」「必要な金額」などを記入しよう。

年　月　日からの　年　間　目　標

【やってみたいこと】	【マーク】	【備　考】
● 1ヶ月に1冊の本を読む	○ ◎	
● ワープロ検定	◎	・検定対策講座を受ける。今年中に受かる。
● 部活	○	
● 留学	★ ¥	行く時期・場所などを今年中に考える（情報を自分で集める）
● 英語検定（TOEICなど）	◎	
● ホームページを作る	★	
● 色々なバイト	★ ○	自分で本を買って作りうる勉強する。それから1年かけて公開できるようにする。勉強に差し支えのないレベルでバイトする。
●		

生たちである。京都大学の学生でさえ，多くの者はなかなか彼らのようにはできていないものである。

　読むポイントは，彼らでさえどういうふうに勉強をせよといわれない，受験勉強のように目標も達成度も不明確な日常のなかで，勉強をし続けることがいかに大変か，苦労しているかということである。いかに勉強する気分，やる気を維持するかを工夫しているかということである。表面的には勉強のしかたを述べたものであるが，本質的には自分たちがいかに大学生活のなかでやる気をコントロールして勉強してきたか，いまの自分をつくりあげてきたかということを述べた格闘記である。

図 6-2　週間スケジュールの記入例

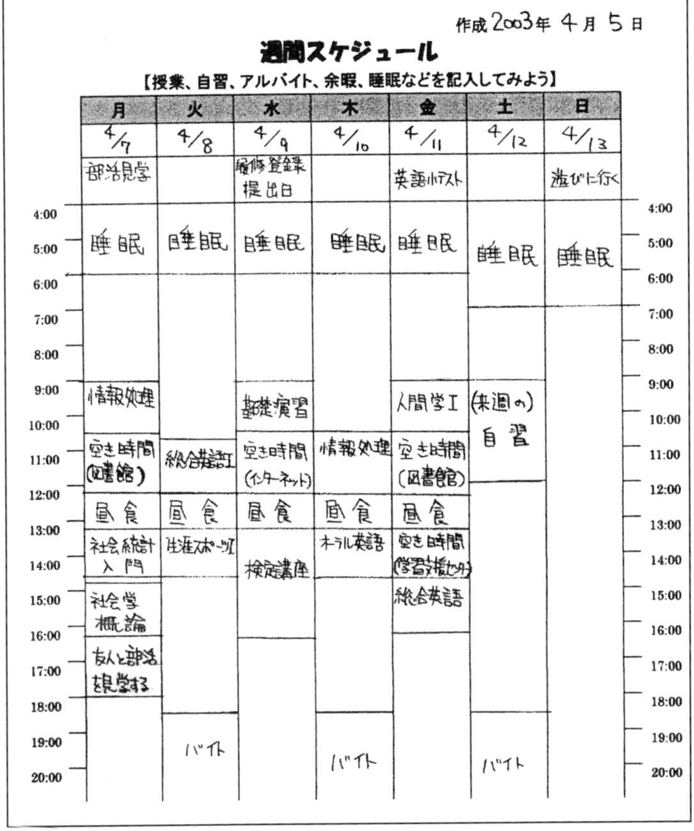

作成 2003 年 4 月 5 日

週間スケジュール
【授業、自習、アルバイト、余暇、睡眠などを記入してみよう】

	月 4/7	火 4/8	水 4/9	木 4/10	金 4/11	土 4/12	日 4/13
	部活見学		履修登録提出日		英語小テスト		遊びに行く
4:00-6:00	睡眠	睡眠	睡眠	睡眠	睡眠	睡眠	睡眠
9:00	情報処理		基礎演習		人間学Ⅰ	(来週の)自習	
11:00	空き時間(図書館)	総合英語Ⅰ	空き時間(インターネット)	情報処理	空き時間(図書館)		
12:00	昼食	昼食	昼食	昼食	昼食		
13:00	社会統計入門	生涯スポーツ	検定講座	オーラル英語	空き時間(学習支援センター)		
15:00	社会学概論				総合英語		
17:00	友人と部活見学する						
19:00-20:00		バイト		バイト		バイト	

　そしてそんな彼らでさえ，ほかの学生と同じようにサークルや趣味などあれこれと大学生活を楽しんでいることを見逃してはならない。彼らはけっして勉強だけをして毎日が楽しいという学生ではない。彼らは，好きなこともやり勉強もしっかりやるという生活を，本当に苦労しながら実現・維持しているのである。まったく同じようにまねることは難しくても，彼らをたたき台にして

自分のかたちをつくることはできるだろう。ぜひとも参考にしてもらいたい。

3 大事な仕事から最初にやる

優先順位をつける

鎌田浩毅はさらに1日の時間管理の優先順位（プライオリティー）について，「ポイントは，大事な仕事から最初にやる，ということである。（中略）時間管理とは，仕事にプライオリティーをつけることからはじまるといっても過言ではない」と述べる。これもよくわかる。私の場合はもっとも大事な仕事は原稿を書くことであるから，原稿を書くことから1日を始める。幸いなことに，午前中は私にとって頭がもっとも働く創造的な時間であるから，ここでの優先順位ともうまい具合に合致してくる。

学生の場合，朝は大学に出かけなければならないことなどがあって，単純に朝から大事な仕事をするというようにはならないだろう。だから，それは帰宅して何かをやりはじめようとするとき，図書館で午後を過ごそうとするとき，そういうときをイメージすればいい。

ところで，なぜ大事な仕事から始めるのがいいのだろうか。私は次のように考えている。たとえば端的な話，メールを考えてみよう。

私はメールの返信がものすごく遅い。3日以内ならけっこう早い方で，急ぎの用でなければ1週間とか2週間くらいそのままにしておくこともある。日にちが経ちすぎて，途中でもういいか

とあきらめることさえある。もちろん悪意はないので，相手に会ったときには平謝りをしなければならない。今日こそは書こう，今日こそは書こうといつも思っているのだが，私のなかでは原稿を書くこととメールを書くことは，パソコンで字を書くという同じ苦痛の作業に思えて，どうしてもつらいと感じる。しかし，私のメールのほとんどは仕事関係であるから，緊急度に程度の差はあってもやはり返信しなければならない。メーリングリストなどを除いても，メールは1日何十通もくるから，一生懸命メールばかり書いていたのでは毎日メールを書くだけで終わってしまう。

　ここで考えたいのは，なぜ大事な仕事（私の場合は原稿を書くこと）から始めるのかということについてであるが，私はそれを原稿を書くモードでその時間帯を過ごすためだと考えている。まずそれは気分のようなものである。つまり，メールを一生懸命書くところから始めてしまうと（話をいろいろな人に聞いているとこういう人はけっこういる），それだけで満足してしまい，あるいはそれで疲れはててしまい，それから原稿を書こうという気分にどうしてもならない。それはそうである。メールはあまり頭を使わなくてもいいから，いったん書き出すと，メールを処理するルーティンさに酔いしれて簡単に充実感を味わってしまう。こうなるともう原稿書きの世界に戻ってくることはできない。

　そうはいっても，返信しなければならないメールの現実がなくなるわけではないので，私はここまで原稿を書けたらメールを書こう，そう言い聞かせてメールを原稿書きの合間に処理している。原稿を書くという，どちらかといえばきつい方で気分を先につくって，その気分を維持しながらメールを処理するのである。この方法であれば，メールを書きながらも，2次的な意識として原稿

第6章　生活フォームをつくろう！

に戻ることを念頭においているので，メールを少し処理した後には容易に原稿を書く世界に戻ってくることができる。

| すぐに大事な仕事にはかかれない

原稿を書くモードを先につくって仕事を始める理由は，気分のほかにもう1つある。それは原稿を書くための世界をつくることに関することである。

　たとえばメールを先に処理してしまうと，それが終わった後，「さあ，これから何をやるんだったっけ？」となってしまうことが多い。もちろん原稿を書くことはわかっているのだが，昨日のどこから続きを書くのか，どこでつまずいていてどこから書き直すのか，そうしたことがすっかりわからなくなっていることが多いのである。私はこれを最悪な仕事のしかただと見ている。私の場合，原稿を書く世界をつくるのに通常1時間くらいはかかる。1時間くらいかけて，ぼんやりと原稿を書く内容の思考世界がつ

くられ，それに従って世界を文字で表現していくというようになる。だから，1時間ぽっと時間が空いたからといって，「さあ原稿が書ける！」とは少なくとも私の場合にはならない。私の仕事は，朝研究室に来てから始まるのではなく，駅から大学までのバスのなかで始まる。バスのなかではいつも，研究室に着いたらどこから書き始めて，何を調べる，そういった計画を立てるのである。それは世界をつくるウォームアップの作業だといえる。どうせバスのなかは振動が大きくて本も読めないのだから，こうしたことを考えるのにはピッタリの時間なのである。

4 時間に対するイニシアティブ

> 突発的な事態は必ず生じる

毎日が忙しくなる大きな理由は，多くの活動に忙殺されているからというよりもむしろ，多くの他者，友人に突発的に介入されているからだといえないだろうか。学生の場合であれば，友人から突然携帯に電話がかかってきて悩みの相談を受けたりすることがよくあるだろう。私の場合でも，学生が突然研究室に入ってきて，「ちょっといいですか？」といわれることはしょっちゅうであるし，電話や携帯で相談を受けることだって珍しくない。

日々の生活のなかでいくらやることが多いといっても，人に邪魔されず自分なりに計画的に実行することができるならば，多少はかどらないことがあっても7～8割は何とか遂行することができるものである。遂行できない場合というのは，人によってさまざまだろうが，私の場合多くはやはり突発的な不確定要素が入っ

てくるときである。意外にバカにならないほどの時間が奪われているし，突発的な事態が積み重なって途中で1日の計画を見失い，結果「もういいや，今日はやめ！」と自暴自棄になることもある。

　結局のところ，この突発的な事態の意味するところは，他者が他者の都合で自己の世界にズカズカと入ってきているということである。大学教員の場合なら学生に「アポ（アポイントメント）をとって！」と無表情に叱咤することもできるが（そして，そういう先生もけっこういるが），私はそこまではしないし，学生同士ならもっとできないだろう。友人は突然自己の世界に入ってくるものである。

　しかし，1日のなかで突発的な事態がないと考える方がおかしい。学生であれば食堂で友人に久しぶりに会って話し込む，どうしてもいま相談に乗ってほしいと涙ながらにいわれる，そんなことはしょっちゅうである。そんなときに「僕は忙しいから！」などといっていたのでは，友人はどんどん減っていく。問題は，突発的な事態が1日のなかには何度かあることを前提として，それにどう対応するか，自分なりの自覚的な対処法をもつことである。

突発的な事態への対処法

実際には読者の個別事情のなかでそれぞれの工夫を考えてもらうしかないが，ここでは私の対処法をいくつか紹介する。私の場合は，研究室に学生や教員が突然訪ねてくることが突発的な事態としては断然多く，それを念頭において話をする。

　第1に，後で対応可能なら後にしてもらうことである。学生や教員と一口にいっても，とても親しい人から名前を知らない人

までさまざまにいる。親しい人なら、「いまじゃないとだめ？ また来て」といって、後にしてもらうことがよくあるし、可能である。いまでなくてもいいが話がどうしても必要というのなら、「何時に」と後の時間を約束してもいい。とにかく、突然の来訪でせっかくつくっていた世界が壊されることだけは避けたい。計画どおりに1日が進まないにしても、後にしてもらえれば少なくとも計画を立て直すことができる。そのうえであれば来訪も歓迎である。

　また、後にしてもらうと、その人は今度は別の人のところへ行き、そこでことを解決してしまうということもしばしばある。「なんだ、私じゃなくてもよかったんだ」と思う一瞬である。そうであるなら、その「別の人」に任を託したいものである。電話での相談などでもこの手の事態はよくある。

　第2に、学内の先生相手にはなかなかいいにくいが、相手が学生や外部からの来訪者であれば「1時間でいいですか？」とあらかじめ断って話を始めることである。学生なんて時間があるものだから、時間を決めなかったら2時間でも3時間でもいる。そんなことは何度もあった。そこで私はだいたい1人1時間と設定して、「何時くらいまでね」（外部の来訪者であれば「何時くらいまででお願いします」）と断って話を始める。必ず時計を手元において、時計を見ていることを相手に示しながら話をする。話の深刻さなどによってどうしても1時間では終わらない場合もあるが、ほとんどの場合はこちらの1時間という意に沿って（合わせて）話が終わる。終わらなくても無理やり終わらせ、必要ならまた次のアポイントメントをとってもらう。これはなかなか有効である。私はこれを在外研究時にオランダの先生から学んだ。話

が盛り上がっているときに「もうそろそろ」といわれるのは複雑な気分だろうが，話を始める前に「何時まで」といわれていれば，途中で話を切られても相手はそう不快に感じない。相手もこちらが忙しいことを重々知っているからである。

　第3に，偉い先生やあまり知らない学生が来訪する場合，あるいは緊急で話をしなければならない場合である。こういう場合には「何時まで」となかなかいえない雰囲気がある。だからそういう場合には，頭のなかで30分とか1時間と時間を少し意識して話を始めることである。時間を意識していれば，どこかで「じゃあ，そういうことにしましょう」「わかりました，じゃあ○○しておきます」などと話を散漫にせず収束させることがけっこう可能である。話がダラダラとして終わらないときというのはたいてい時間を意識し損ねたときで，どうでもいいような話を延々と続けてしまう。話しているときは楽しいが，後でやらなければならないことが全然できていないことを自覚したときの自己嫌悪は何とも言葉にしようがない。

5　朝起きるための工夫

朝に用事を入れる

　朝起きるのに苦労している学生は多いのではないだろうか。生活をしっかり計画立てても，出鼻を挫かれたのでは1日をダラダラと過ごしてしまう。1日の始め方はきわめて重要である。

　ここでも，千葉敦子の朝の時間の使い方がなかなかおもしろい。紹介しよう。

また，低血圧は朝が辛いので，逆療法で，朝のうちになるべく重要な仕事を入れるようにしている。いやでも起き出さなければならないように，自分に強制するわけだ。

　たとえば，週に一，二回は朝食の約束を入れている。これは仕事の上で大変プラスになっている習慣だ。たとえば国会開会中はなかなか会えない国会議員や官庁の局長およびそれに準ずる人たち。非常に忙しい会社の社長，それに海外から業務で日本を訪れている人々に会うには，朝食が一番である。都心のホテルで食事をしながらインタビューをすれば，お互いに時間がムダにならない。朝食代は大した金額にならないので，取材費としても好つごうである。朝食の一時間ていどの間にどのくらい効率よくインタビューができるかは，準備の十分不十分にかかってくる。従って，約束の場所に向かうタクシーの中で頭をはっきりさせ，質問の焦点を絞っておく。☞44

私たちはジャーナリストではないから，同じことを考える必要はない。要は，朝寝坊をすることなくテキパキと1日を始めるために，そのコントロール，自分なりの自覚的な対処法をもてばいいのである。

朝起きて好きなことをする

　私は低血圧ではないのだが，朝起きるのはかなり苦手である。目覚ましがなければ，10時間くらい経たないと目が覚めない。しかし，これではいまの仕事量はこなせない。そこで考えたのが，Nゲージ（9mmゲージ；線路の軌道が9mm幅縮尺の模型）という鉄道模型のジオラマを朝からせっせとつくることであ

Ｎゲージの鉄道模型

る。

　目覚ましが鳴ったら，ねぼけ眼で起きていって模型をつくり始める。昨夜の続きをやるのだ。この瞬間の集中力は自分でいうのも何だが並々ならぬものがあり，すぐ目が覚める。そして，目が覚めてきたらパソコンに向かって原稿を書き始めるのである。ちなみにこの対処法は，後で述べる読書のなかでも生かされている。家で本を読んでいるとすぐ眠くなる。しかし，そんなときは模型を少しつくるのである。けっしてそれが主にならないように注意をしながら（たまに失敗して延々とつくり続けてしまうが……）。

　私は小さいときから鉄道が大好きで，ずっと鉄道写真を撮り続けてきた。さすがに仕事をするようになってからは撮影をしに行く暇がないし，中途半端は嫌いだから結局やめてしまったのだが，模型であれば自分なりのペースで取り組むことができる。いまの私にはピッタリだ。いろいろと試行錯誤したが，模型をつくることが私の朝起きる対処法としてはいちばんうまくいっている。

6 だれてやる気がしないのをどう克服するか

はじめの一歩

やる気がしない、あるいはあったのだがいまはやる気を失っている、そういう状態をやる気ある状態にもっていく、戻していくのはけっこう難しい。しかし、「このままではいかん！」という不安や焦りがあるならまだ救いがある。

問題はこの状況が、やはり認識的な次元にとどまっていることである。思うことはもういいから行動しよう。行動しながら考えよう。行動していれば、自然と「こんなのでいいのか？」とか「もうちょっとこうした方がいいのでは？」と考えるようになる。人は行動に意味をつけたくなる生き物だから、訳もなく行動を続けることはできない。行動しながら思考してしまうのは人間の性(さが)である。頭で考えるのではなく、行動するなかで湧き上がってくる思考に身を委ねるのである。

やる気のない者がやる気を出していくそのプロセスはじつに多様である。自分で本を読み始めたり、先生に相談に行ったり、シンポジウムや講演会に出かけたり、友人と勉強会を始めたり、図書館で1日いようと決めたり……人それぞれである。

しかし、このなかに意外に単純な本質があると私は見ている。つまり、何でもいいからはじめの一歩を踏むということである。はじめからどんぴしゃりで適切な行動や勉強ができるなんてことはありえない。試行錯誤を繰り返しながら、徐々にできるようになっていくものである。だから究極的な言い方かもしれないが、

どんなことでもいいからはじめの一歩を踏み，歩み始めることである。実際，このはじめの一歩を踏み出すことは口でいうほど簡単なことではないが，もし踏み出すことができたら後は行動しながら湧き上がってくる思考が助けてくれる。「これをやってどうなるだろう」とか，先のことをあまり考えすぎずに一歩を踏み出すことがコツである。

　1つ思い出深い事例を紹介したい。私は2001年度から4年間，「大学における学びの探求」という学び支援の授業をやっていた。そこに，工学部2年生の男子学生がいた。彼は参加理由のなかで，「忙しくて勉強する時間がない」「ついついだらけがちだ」とみずからの勉強のしかたを反省していた。そして，たとえば「遊ぶときは遊ぶ，勉強するときは勉強するというけじめをつける」といった対策を立て，さっそく実行に移してみた。しかし，それはすぐに挫折した。彼の説明によると，意外に集中して勉強できる時間が短いとのことだった。しかも，好きな勉強はできても，嫌いな勉強はなかなか1人ではできないこともわかってきた。彼は友人を誘って自主ゼミを開き，一緒に勉強できる学習環境をつくろうと考え始めた。

　この学生は，「大学における学びの探求」の授業に出ようと行動を起こした時点で，すでに大きな一歩を踏み出していたのだと私は思う。その後のいろいろな行動の修正は付随的なものであり，とにかくこのはじめの一歩が重要だったと感じる。彼が授業のなかで立てたさまざまな対策は，結局のところあまりうまくいかなかったのだが，それでも彼はいま自分なりの勉強ができている。

　勉強のやる気に関しては，静から動へ，負から正へともっていくことがじつに難しい。しかし，いったんやる気のリズムをつく

ってしまえば、無意識のうちに体は勉強する方向へと向かう。波に乗るまでは難しいが、いったん乗ってしまったら自然と波が後押ししてくれる、そういう感じがある。

自分がやる気が出せる状況を知る

やる気だけはどんなに偉い人でもどんなに気合いの入っている人でもムラがあって、みんなかなり苦しめられている。それだからこそ各人の工夫というものがあって、一律的な答えはないともいえる。しかし、自分がどういう状況でやる気を出せる人間であるかを知ることは、一般的に大事だといえる。

私の場合は、どんなに嫌でも「机に向かうこと」を法則としている。これは高校時代に見つけたもので、いまでも有効に機能している。

高校時代には、勉強する気がしないときに気晴らしが必要だなどといって、テレビやビデオを見たり友人と遊びに出かけたりして時間をつぶすことがけっこうあった。それで、いつかはやる気が出てくるだろうと信じていた。しかし、いつまでたってもやる気は出てこなかったし、それどころか遊びそれ自体が目的となってしまい、本末転倒な事態ともなった。そこで、やる気が出なくてもとにかく机に向かうことを始めた。やる気がしないのだから、机にじっと向かっているのはまるで苦行のようであった。しかし、問題を解く気がしなくてもじっと机で本をにらみ続ける。そうすると1日目はそれで終わるが、2日目は少しやれる。3日目はやる気がなかったことなど忘れて勉強している。

> 自分なりの法則を持続させる

これは私のなかでの法則であって、他の人にどれだけ通じるものかはわからない。しかし、これは私なりにつくりあげ、私のなかでは確実に機能する法則となっている。そのおかげでいま私は、あまりやる気を失うことなく勉強を続けることができている。

ところで、やる気はそんなに落ちないが、頭がうまくまわらないとき、思考がうまく展開しないときというのはいまでもしょっちゅうある。しかしそんなときにも、私はこの法則に従って、何もできなくても何も頭から出てこなくてもじっと原稿を広げて机で時間を過ごすことにしている。机で寝てしまっているような状態でもあるが、頭のなかでは勉強ができないで苦しんでいる。しかし机からは離れない。机から離れて気晴らしをしても、結局は問題が解決しないことをこれまでの経験から知っているからである。そうこうしているうちに、少しずつ原稿が書けるようになって、気づけば頭がまわらなかった事実さえ忘れて仕事に没頭している。不思議なものである。

作家のなかには、調子よく原稿を書き始めたあたりでその日の仕事を終え、残りは次の日にまわす、としている人がいる。これは、そこで着想したことをけっして最後まで書いてしまわないという法則である。なぜなら翌日原稿を書こうとするときに、「さあ、何から書こうかな」となると、筆が進まないでその日をつぶしてしまうからだそうである。これもその作家なりにやる気を出していく、頭を働かせていくための法則なのであろう。

フォームをつくる

評論家で慶應義塾大学の福田和也は、作家の色川武大（たけひろ）の言葉を借りてスランプを脱出する方法を述べている。私はやる気がしないとき、頭がまわらないときに、とにかく「机に向かう」「原稿から逃げない」ことを法則としていると述べたが、それは色川にいわせれば、「自分なりのフォームをもつ」ということのようだ。福田の文章を引用しよう。

まず、第一に、基本的な「フォーム」を常日ごろつくっておくということ。

「フォーム」という発想は、私のものではありません。色川武大が云いだしたことです。

これは、色川がギャンブル、賭博で生活していたときに培った方法論です。

ギャンブルにも、無論波があります。

つく時もあれば、つかない時もある。

アマチュアならば、つかないと思えば退いてしまえばいいのですが、プロはそうはいかない。

いつもカモにしている旦那衆などから誘われたりした時に、ついていないからと付き合わない訳にはいかない。あるいは一夜の攻防の中でも、ツキにツク瞬間もあれば、あまりつかない時間帯もあります。

ついていない、つまりはスランプに入っている時期をしのいで、勝ち抜くことができなければプロとはいえないわけです。

そうした停滞期、下降期をしのいで全体として浮かぶため

には，どうすればいいか。

そのために必要なのが「フォーム」だというのです。

要するに，自分なりの打ち方ですね。

どういう目が続く時に賭けるか，退くか。盆をどう読むか，ということからはじめて，牌やサイコロの握り方，座り方，飲食の仕方，金の払い方にいたるまで，自分なりのしっかりしたスタイルをつくっていく。

そして，どんなにツイても，あるいはスランプが厳しくても，そのフォームを崩さない，そのフォームを守りきる。

フォームを維持することで，勝ち目をしっかりと拾い，停滞期にも大崩れをすることなく，賭博師として生活していくことができるのです。☞46

フォームは長い年月にわたる経験から導き出した自分なりのかたち，法則である。そして，それが勉強の話になると，おのずと第Ⅰ部「認識編」の第3章の最後で述べた，大学での勉強の効果は生涯にわたって力強く勉強をおこなっていく学習力の形成にある，という矢野眞和の調査結果につながってくる。大学生時代に（あるいは大学入学以前でもいいのだが），どうやって自分なりの勉強をしていくか，与えられたことだけをやる勉強ではなく自分の頭でものを考え世界を見ていくための勉強をどうやっていくか，やる気が出ないとき，頭がまわらないときに自分はどう対処していくか，そういった諸々の工夫を法則化すること，色川のいうフォームを形成することが，後々じわりじわりと効いてくる。役立ってくる。

だれてしまって勉強にやる気がしない者，やる気はあるが日に

よってムラがある者などは，これを機会に自分なりの法則，自分なりの勉強をするかたちをつくってみてはどうか。それは生涯にわたる財産ともなる。ちなみに，福田もスランプに陥ったときには，とにかく机に向かうようにしているようである。

第7章 本を読もう！

1 読書はなぜ大事か？

想像力や論理的思考力を鍛える

「勉強のしかた」なるものを全般的に説く本で，読書について説くものは多い。
私も大学で自分なりの勉強をしていくためには，読書は必要不可欠だと主張する者である。「読みたかったら読めばいいんじゃないの？」ではなくて，「本を読もう！」と積極的に推奨する立場である。

読書の必要性を説く理由はいろいろある。たとえば，想像力や論理的思考力を鍛えるというのはその最たるものである。英語，思想史を専門とするバリー・サンダースは『本が死ぬところ暴力が生まれる』☞47という本のなかで，読み書き文化の衰退とともに，アメリカの青少年の精神に巨大な地崩れが起こりつつあることを主張している。さまざまな出来事を物語化しそれを経験に構成していく自我という核が，読み書き文化の衰退とともに失われてしまった，というのである。読書が想像力や論理的思考力を鍛えるといえば，「それは読書でなくてもいいのでは？」とつい思ってしまうが，サンダースの論とあわせて考えると，読書，ひいては

読み書き能力，その習慣というものがたんに知識形成のみならず，人の人格や感情にまで影響を及ぼしていることがわかる。まじめに考えていると，何だか怖くなるほどである。

> 知りたいこと，興味のあることに応えてくれる

しかし，ここでは自分を発展させる勉強をするためになぜ読書が必要かということを示さねばならない。私は少なくとも2つの理由があると考えている。

第1に，読書は自分が知りたいと思うこと，興味のあることに何らかのかたちで応えてくれる，たぶん最大のメディアだろうと思われるからである。自分を発展させる勉強であるのだから，授業などの外から知識を与えられるだけの勉強だけでなく，自分の内から「こんなことを知りたい」「××についてもっと勉強したい」と，自分の興味，関心にあわせて広がっていくような営みが同時になくてはならない。そうでなければ自分の発展はないし，それを感じることさえできない。

書籍は無尽蔵にあるから，何十万，何百万とある書籍を前にして，読みたい本が見つけられないなどということはありえない。個人の意志と努力さえあれば，本はたいていの欲求には応えてくれる。もっとも，「湧き出るものが何もない」「こんな本を読んでみたいというものがない」という者は，第6章に戻って，新聞記事のスクラップ作業をすることをお勧めする。誰でもすぐに始められる簡単な作業であると同時に，自分の興味，関心を知り，それを広げていく効果的で簡潔な作業である。

> 読書への意志や努力が自分を発展させる

　読書を推奨する第2の理由は，読書は本を読もうとする，あるいは読み続けようとする個人の意志と努力を相当必要とし，人はその意志と努力を具現化するための理由を見出さねばならないからである。この理由こそが大学での勉強と密接に関連している。

　テレビはつけてさえいれば，個人の意志や努力と無関係に情報を流してくれる。人はおもしろくなくてもダラダラとテレビを見続けることができるし，ツインタワーに飛行機が突っ込むなど衝撃的な映像が流れれば，ぼうっとしていてもハッと惹きつけられる。しかし，本ばかりはそうはいかない。読む，読み続けるのに意志と努力を相当要する。評論家であり作家でもある加藤周一が『読書術』[☞48]のなかで指摘するように，人は「今日は疲れたから映画でも見ようか」とはいうが，「疲れたから本でも読もうか」とはいわないのである。

　おもしろいだけならマンガやテレビ，映画を見る方がよほどおもしろいのであって，「おもしろい」「おもしろくない」という基準では，いまの多くの学生はまず本を読まない。それが現代の学生，若者文化である。彼らは訳もなく本を読まないのである。だから，彼らが本を読むことができているとすれば，その背後には，「なぜ本を読むのか？」という疑問に彼らなりに答えるという作業がなされているに違いない。そして彼らのその答えは，（少なくともはじめは）「読書はおもしろい！」ではなく，「勉強しなければ！」という意識に関連したものである。私はこの部分に，学生が大学で自分なりの勉強をしていく1つの契機があると見ている。読書それ自体は重要だが，それ以上に，読書をしようとす

る意志や努力に大学での勉強を力強く推し進めていく心意気が込められていると考えるのである。

さらに，知りたいことを調べるだけならば，最近の学生はすぐにインターネットを用いる。たしかに知りたいことを調べる，それを情報として得るという点ではインターネットはすばらしいメディアである。しかし，少なくとも学生が自分を発展させる勉強を日常のなかでしっかりやっていくという話のなかでは，インターネットは読書の代替にはならない。それはやはりテレビなどと同じ理由で，インターネットは調べたら終わりだが，読書はそれを続ける意志と努力が必要であり，そのことがひいては日常生活のなかで自分を発展させる勉強をしていくことにつながるからである。

2 本を読むルールをつくる

興味のある本を読む，知りたいことを調べる，それが自分を発展させる勉強だといっても，そう次から次へと興味のあること，興味のある本が出てくるとは限らない。ある本を読み終えて，「さあ，次は何を読もうかな」という状態に陥ってしまうと，続けて本を読むことが本当に難しくなる。もっとも，専門などの勉強で調べるために本を読むことは，ここでは別にしている。

読書のルールをつくる　　個人的な経験では，「あれも読まないといけない」「これも読まないといけない」と多少は強迫観念をもって読むくらいの方が，読書を続けるには

ちょうどいい。そこでは，自分の興味，関心に応じた読書が多少システム化される必要がある。そうでないと，1冊読み終えるごとに次に何を読むかを，考えなければならない。ここでは，読む本をシステマティックに選び取っていくことを「読書のルール」と称する。

　個人によって，読書のルールはさまざまである。私は本や論文，新聞，雑誌などを読んでいて，少しでも「何だ，これは？」と疑問に思ったら，それがいま自分にどう関係あるかとか将来どう役に立つかとかあまり考えずに，インターネットの書店でキーワードを入れて検索し，そこで引っかかってくる本を何冊か買うようにしている。「何だ，これは？」という感情がどういう意味であるのかあまり考えないことがコツである。それはそのときにはなかなかわからないものだし，とにかく自分の興味，関心や疑問を基礎にしているから，おのずと自分の発展につながっていくことは疑わなくてもいい。加えて自分の知らないこと，疑問だと思う事柄に徐々に敏感になっていくという効果もある。知識が増えたり，いろいろなものごとについて考えられたりするようになるのは，このモードにおいては結果にすぎない。このモードで読書を続けていれば，そんなことは自然と身についてくるものである。

　また，ある本に出てくる参考文献を片っ端から読むということも，私が時折やる読書のルールである。たとえば，私は夏目漱石の『吾輩は猫である』☞49が好きなのだが，それは話の筋に惹かれているからではなく（話の筋は正直いってあまりおもしろくない），登場人物の会話の端々に潜んでいる知識に惹かれるからである。巻末には関連資料も付記されているから，それらを集めて全部読んでみるというルールを実行することができる。瞬時に，「それを

読むにはもっと漢文ができないといけない」とか「儒教思想に通じていないと意味がわからない」という事態に陥る。もちろん,「漢籍は読めなくていい」「こんなのはいまの自分には必要ない」と功利的に開き直ってしまうこともあるだろうが,「なぜ自分はわからないんだ」「なぜ漱石はわかるのだ」「どうやったらそれがわかるようになるんだ」,そう思えると,勉強する切実さがさらに広がってきておもしろくなる。

> なるべくお金をおしまない

こうしたルールを精力的に実行していくためには,本は図書館で借りるよりもできるだけ身銭を切って買った方がいい。そして,まだ読んでいない本を机の足下か専用の棚でもつくってそこに並べておくのだ。そうすると,「早く読まなければ!」とプレッシャーがかかってくる。しかも,このルールにおいては読まなければならない本が次から次へと出てくるのが普通だから,そうなると部屋には読んでいない本がどんどんたまっていくことになる。「読まないともったいない!」と思い始めるとしめたもので,そのモードに入るとまわりの人が「あいつおかしくなったんじゃない?」といわんばかりに,読書に没頭することになる。こういった状態になるためには,くどいがやはり本を買う必要がある。学生のあいだは月に本代として使える額に限度があるから,あまり無茶をしてはいけないが,ちょっと無理するくらいはあってもいい。

　以上は私の読書のルールであるが,そのほか,次のようなある私立大学文学部の学生の書いたものがある。彼なりの読書のルールが確立されていることが見て取れる。

本の買い方にはいろいろありますが，大事だと思うことは「本にお金をおしまない」ということです。僕の場合，本屋という空間が好きだったこともあって，ブックガイドなどはあまり頼りにせず，ある程度お金がたまったら本屋に出かけていって，二時間も三時間もねばり，何冊もとってきては，本のタイトル，帯，まえがきとあとがき，目次や出版社をたよりにして，一回で十冊以上買っていました。また，古本屋に行くと，たまに新書など一冊百円で売っているときがあるので，そういうときは一回に五十冊ぐらいまとめ買いしました。本の大量購入のいいところは，「目利き」ができるようになることと，偶然よい本に出くわして思わぬ発見があることです。

　そうやって少し「目利き」ができるようになると，今度はだいたいのめぼしがついてくるから，インターネットを使って本を買うようにもなりました。今でもよくやるのが，キーワードをいくつか挙げて検索をかけるやり方です。一時期，国家論に興味をもったときは関連するキーワードや著者名を何個か入れて，出てきた本を片っ端から買っていきました。☞50

　さらに私の知っているある学生は，週に一度曜日を決めて必ず大きな書店に行くといっていた。書店でいろいろ見てまわって，1回にいくらと決めた金額の本を買う，それをルールとしているそうである。これもなかなかいいルールである。目当てのものがあらかじめあって書店に行くのではなく，「何かおもしろいのはないかなあ」と物色するために書店に行くのである。同じコーナーでも，そのときそのときの関心や知識の広がりにあわせて，見

第7章　本を読もう！

え方がまるで異なると感じることがある。それは行った者にしかわからないことだ。そして，あるときはふっと違ったコーナーものぞいてみようとなる。こうして興味，関心は広がっていき，あれも読みたい，これも読みたい，というモードになってくる。こうなるともうしめたものである。

3 積ん読の効果

　本を読むルールは個人さまざまでいい。しかし，いったんルールに基づいた読書のモードができあがると，読みたい，読まなければならないと思う本はどんどん増えてくるのが普通である。そしてやがては，一個人が読める量を軽く超えるという事態となる。まだ読んでいない本を棚に並べるなどと悠長なことをいっていると，棚のスペースが足りなくなって憂うつにもなる。しかし，だからといって読まない（読めない）のなら買うのはもったいないと思うのは，まだまだビギナーの考え方である。

　多くの者が繰り返し説いてきたことだが，この場合私は「積ん読」が重要であると思う。積ん読とは，本を読まずにただ積んでおくということなのだが，その積み方しだいでは諸事情で読めなくてもいろいろ効果があるということである。先に紹介した私立大学文学部の学生も，先の文章に続けて積ん読の重要性を説いている。彼の説明をここでは聞こう。

　　大学生活も二年目になると，家中が本だらけになって収拾がつかなくなりました。部屋中に本の山ができて，人の歩け

る道が三十センチしかないような状態になってしまいました。ある時，先輩が下宿に訪ねてきて，本を積んだ山が五つも六つもできているのをみて，「お前のアパートの本は死んどる！」と言われました。そのときは先輩の言っている意味がよくわかりませんでした。本をたくさん買うのはいいけれど，それを見えるように整理しないと，目当ての本を見つけることができないばかりか，タイトルや著者がずらっと並んでいるさまをみていろいろと思索にふけることもできません。「『積ん読』に意味がある」という場合，それは整理した際に当てはまる，要はこういうことを先輩はいいたかったんだと気付き，急いで本棚を四つほど買ってきて本を整理しました。そうすると，自分の本棚を眺めることが楽しみになりました。☞51

　彼が積ん読になるためのポイントとしてあげるのは，きれいに横並びになっていなくてもいいが，要は背表紙のタイトルや著者名が見えるように本を書棚に並べる，ということである。背表紙が見えなくなると，せっかく買った本をもっていることさえわからなくなってしまうし，「読みたい！」と思って本を買ったそのときの「読みたい！」という気持ちさえ忘れてしまうことになる。

　私も学生時代には，本棚を眺めて思索にふけることがあった。もうそんなことはさすがにないが，いまでもあるテーマに関して○○の本をもっている，△△のテーマには□□といった本がある，ということをつねに意識の上においておくために積ん読を実行している。ふと気づけば本棚を眺めていることが多いし，逆に目につくところにできるだけ重要な本を並べるようにもしている。このあたりの積ん読に与える意義は個人によってさまざまであろう

第7章　本を読もう！

が，背表紙が眺められるように本を書棚に並べる，という点ではみな共通して重要だと考えているようである。

4 本を読み続ける努力

眠気と戦う

夕方以降は本や論文を読むようにしているが，私はとにかく本を読むことがあまり好きではない。娯楽や趣味で本を読むなんてことはありえない。だから学生が本を読めない気持ちもわからないではない。しかし，そんな私でも本を読まねば仕事ができない以上，死にものぐるいで本を読む。とはいうものの，如何せん活字に弱いというか，本を読み始めるとすぐ眠くなってしまう体質に私は大学生の頃からずっと悩み続けてきた。その対処法はそのときそのときでいろいろあるのだが，劇的にうまくいった試しは残念ながらあまりない。

こんな話をあちこちで何気なくしていると，大学の先生の，しかもかなり著名な先生でさえ意外に同じ悩みをもっていることがわかって驚かされた。しかし，やはりそれなりの工夫をされている。ある先生は喫茶店で本を読み，眠くなり始めたら次の喫茶店へ移動する。とにかく家では本を読まない（これは読めないのだ！）。またある先生は家から大学までの通勤の電車のなかで，ずっと立ち続けて本を読むといっていた。座るとすぐ寝てしまうので，絶対座らないのだそうだ。1時間くらい乗っているらしいから，毎日それなりに本が読める。これなら多少通勤時間がかかっても，むしろそれはプラスである。私の授業を受けていたある工学部の学生も，ふだんなかなか本を読む時間がとれないから，

行き帰りの電車を特急ではなくて普通にして，その時間で本を読んでいると話していた。みんななかなか工夫しているものだ。

ちなみに私はどれも試したが，あまりうまくいかなかった。まず電車であるが，私は席が空いていればどうしても座ってしまうことがよくわかった。混んでいればうまい具合に立って本が読めるのだが，それも心のなかでは座れないからしかたないという感じで，空いている席をわざわざ無視して立とうとはどうしても思えない。そして，座って本を読んでももつのはだいたい10分くらいで，あとは爆睡である。あの振動が私にはとても心地よく，まるで揺りかごのようである。普通電車も試みた。たとえば，大阪駅から京都駅までを新快速ではなくて普通電車に乗るのである。新快速なら30分くらいで京都駅に着くのだが，そこをあえて50分かかる普通電車に乗る。そのあいだうまく本が読めれば最高だが，何分長く乗っていようが，乗ってから眠ってしまうまでの時間はやはり10分くらいである。しかも，何分長く乗っていようが，途中で目が覚めるということがない。途中で目が覚めれば残りの時間続きを読めるのだが，それはない。何分長く乗っても，結局は睡眠時間を延ばすだけなのである。それならば，新快速に乗ってはやく目覚めた方がいい。

喫茶店をはしごしながら本を読むということも試みたが，まず喫茶店で本を読むということがどうもしっくりこない。何かしら本を読むという気分になれないのである。とくに小さな2人用テーブルに座らされるような喫茶店では，例外なく本を読む気にならない。頑張ってはしごしても，残るのは飲み過ぎたコーヒーによる胃のむかつきだけである。

> 自分にあった場所を見つける

しかしいろいろ続けてみると、夢中になって本を読める喫茶店のあることがわかってきた。それは庶民的だが、ドトールコーヒー（以下ドトール）である。まず照明だ。私が自宅で本を読む多機能部屋（リビングでありご飯を食べるところであり書斎でもある20畳くらいの部屋）の照明は赤みがかった電球色であり、この雰囲気がドトールにはある。スターバックスコーヒーの照明も電球色だが、全体的に暗すぎて本が読めない。

次に大テーブル。私の家には専用の書斎がある。しかし私はここで勉強をしたことがほとんどない。何かしら閉じこもって勉強するようで、せせこましいのだ。だから勉強するのは先に述べた多機能部屋のテーブル上である。このテーブルは普通サイズのテーブルであるが、私はこのテーブル1つで本を読みメールを書き、食事をする。この雰囲気もまたドトールの大テーブルとあっている。しかし、ドトールの大テーブルには家では再現できない大きな良さがある。それは私の座っているまわりや対面に人がいることである。これはなかなか緊張感があっていい。私が何かをしているのをまるで見られているかのような気分だ。

この緊張感は，すぐ寝てしまうとはいえ，毎日の通勤に使っている地下鉄の対面式の座席上でもある。私が席に座って本を読もうがメモを取ろうがまわりはあまり気にしていないのだろうが，まったく見ていないわけでもない。こちらも見られていることをどこかで意識しながら，本を読み，場合によってはその世界にふけっている。私の地下鉄の乗車時間はせいぜい15分くらいだが，これと同じ緊張感をドトールで再現できることを知ったときの感動は何ともいえないものだった。私はドトールの愛用者である。

5　いつでもどこでも本を持ち歩く

　移動の時間や待ち時間など，空いた時間を少しでも有効に活用して読書をしようとする人は多い。これも前節に引き続き，読書をする努力のようなものかもしれないが，どうせぼうっとするなら時間は有効に使いたいものだ。読書論を書いている者はたいていこのことに触れるが，ここでは加藤周一とフリージャーナリス

トの千葉敦子の2人の言を紹介しておこう。千葉になると,本だけでなく,資料や雑誌の切り抜きまで持ち歩いている。

> 私は学生のころから,本を持たずに外出することはほとんどなかったし,いまでもありません。いつどんなことで偉い人に"ちょっと待ってくれたまえ"とかなんとかいわれ,一時間待たされることにならないともかぎりません。そういうときにいくら相手が偉い人でも,こちらに備えがなければいらいらしてきます。(中略)相手が歯医者でも,妙齢の婦人でも,いや,すべてこの国のあらゆる役所の窓口でも,私が待たせられていらいらするということは,ほとんどありません(加藤周一『読書術』)。☞52

> 以前から,ホテルのロビーで人を待ちながらとか,銀行で待たされている間に資料を読む癖をつけているので,時間はムダにはならない。いつも大型のカバンに,目を通さなければならない書類や,雑誌の切り抜きなどを沢山入れて歩いている(千葉敦子『乳ガンなんかに敗けられない』)。☞53

6 速読なんてしなくてよろしい!

速読は読書をする者であれば一度は考えるテーマである。それは,限られた時間,人生のなかで読める量が限られているからだし,これまで述べてきたように,あるモードに入ると読みたい本,読まなければならない本が山積みになってきて,一個人が読める

量を軽く超えるからである。積ん読といって正当化しても，やはり読むにこしたことはない。そこで登場するのが速読術である。「面で読め！」とか「眼球をはやく動かせ！」とか「斜め読みをせよ！」とか，いろいろある。

この問題に対して，少なくとも学生に対して「速読なんてしなくてよろしい！」と説くのは，和田寿博ほかの『学びの一歩』☞54である。彼らは効果的に読むことを考えるよりも，「大学生活のなかでどれだけの時間を読書にあてるかを考えよ！」と説く。まったくそのとおりだ。よくいってくれたという気がする。

> おそ読み法

加藤周一は先に紹介した『読書術』のなかで，「おそ読み法」といった☞55，おおよそ他の読書論では見られないことの意義を述べている。とりわけ加藤があげるのは専門に近い，たとえば概論書や専門書，論文などの本，雑誌である。つまりこの手の本や論文は，基礎的な教科書レベルの段階，あるいは読み始めの段階をいかに精読して理解するかが，後々同種の本や論文をはやく読むために重要だというのである。

この話はよくわかる。私もいろいろな分野の本を読み，その読み方は一般的に見て遅い方だと思うが，それでも自分の専門領域に近い心理学や青年期論，大学教育などの本や論文を読むのは，自分でも驚くほどはやい。論文であれば日本語，英語を問わず15～30分，本でも1冊30分～1時間くらいで読める。もっとも，そこに速読というような技があるわけではなく，ゆっくり読もうと思っても，話の流れをおおよそ理解するスキーマ（理解の枠組み，体系のようなもの）☞56ができているから，否が応でも斜め読みにな

るのである。新しいところ，自分が「あれ？」と思うところがどこかと探しながら読んでいるのに近い状態ともいえる。もちろん，この「あれ？」が自分のちょっと考えるだけでは理解しにくい内容であれば，そこで立ち止まって精読するから時間はよりかかることになる。しかし，そんな本や論文は身近な専門領域ではもうまれであるし，あればそれは大発見であり嬉しいことである。

　学生時代を振り返ると，はじめの頃は内容がうまく理解できないで（結局スキーマができていないのだ），同じ本や論文を何度も何度も読み返したことをよく覚えている。あえていうならば，その段階の苦労がいまの速読につながっているのであろう。加藤は「おそ読み法」は「はや読み法」でもある，といったトリックめいたことをいっているが，それはそういうことなのだろうと思う。

読書をする時間をつくる

　いずれにしても学生にはゆっくり読書する時間をとってほしい。それは，本をいずれははやく読めるようになるためではない。忙しく追われる日々の大学生活のなかで，読書を根気強く習慣化していくためである。本をどう読むかの上級スキルは，読書が習慣化されるようになってから考えればよいと思う。

7　多角的に問題を見るための一次テクストの扱い方

原書を翻訳するとは？

　原書を読めという専門家がいる。翻訳では著者の意は正確には伝わらないし，と

くに小説では文意は伝えられても，原語がもつレトリックやメタファーまではなかなか伝えられない。

こんな話をすると，私は決まってジェームズ・ジョイスの一連の著作を思い出す。下記の文は，ジョイスの作品の1つ『ユリシーズ』[57]の最終節の冒頭の訳である。訳文を見てもわかるが，原文を見ると，とにかくピリオドがまったくなく，延々と文章が続くことにまっさきに驚く。これなどを見ると，訳がたんに文意だけを伝えればいいとするのは素人考えで，ジョイスが表現しようとした世界観を，訳者がいかに日本語の形式を考慮しながら表現しようと苦心しているかが瞬時にわかる。漢字の使い分けにもかなりの工夫が凝らされている。それはもはや翻訳というよりは，訳者たちの新たな作品でもある。もっとも私は文学者ではないので，この翻訳の是非までは問えないが，素人ながらにすごいとよく思う。

> Yesだって先にはぜったいしなかったことよ朝の食じを卵を2つつけてベッドの中で食べたいと言うなんてシティアームズホテルを引きはらってからはずうっとあのころあの人は亭しゅ関ぱくでいつも病人みたいな声を出して病きで引きこもってるみたいなふりをしていっしょけんめいあのしわくちゃなミセスリオーダンの気を引こうとして自ぶんではずいぶん取り入ってるつもりだったのにあのばばあと来たらみんな自ぶんと自ぶんのたましいのめいふくを祈るミサのため寄ふしてあたしたちにはなんにも残さないなんてあんなひどいけちんぼあるかしらメチルをまぜたアルコールに……[58]

しかし，原書を読めばこのような訳ができるかというと（あるいは訳者が理解するような『ユリシーズ』の世界が見えてくるかということでもいいが），多くの者にはまず無理であろう。それは，ただ読むだけでは『ユリシーズ』の世界を理解することができないからである。つまり，上記の訳には，言葉，時代，ジョイスの思想・世界観，他の文学小説との対比といったさまざまな角度からの，「ああでもない」「こうでもない」と考え抜いた訳者の「解釈」が込められているので，一般の者は読むことはできても，解釈することまではできないのである。もちろん，勝手な感想，解釈くらいなら誰でもできるだろうが，ここでいっているのは文学的に価値のある解釈のことである。

どうすれば解釈することができるのか

　ここで投げかけたいのは，似たようなことが何も文学小説に限らず，私たち一般の世界のあらゆるところにもあるということである。たとえば専門外や新たな分野の書籍を読むとき，現場や実践課題に対して何か考えたいとき，などがそうである。前者であれば，たとえば私の場合でいうと，（心理学者である私が）社会学のヴェーバーやパーソンズの専門書を読むとき，デカルトやハイデッガーなどの古典的な哲学書を読むときなどがそうである。後者の現場や実践課題というのは，たとえば第4章で紹介した学生のコメントでは，香川県，豊島（てしま）でのフィールドワークで産業廃棄物（自動車の解体ゴミ）の問題が述べられていたが，あれをどう見るかと考えるときなどがそうである。

　原書や古典，現場や実践課題をはじめとする解釈すべき原初的な題材を，ここでは「一次テクスト」と呼ぼう。私たちは一次テ

クストを前にして、いきなり価値ある思考をすることはできない。「おもしろい」とか「難しい」「ああだ、こうだ」とただ思うくらいのことなら誰でもできるだろうが、同じ問題や課題を考えてきた人たちに対してもそれなりに価値あるかたちで通じる解釈をすることはできない。というのも、一次テクストをどのように見るかという視点それ自体が解釈の要素としてはきわめて重要だが、その視点が一次テクストをいくら読んでも自然には現れてはこないからである。視点がない限り、見えないものは見えない。そして、この視点こそが先達たちの苦闘の結果見出してきたものにほかならない。私たちが一次テクストにあたろうとするときには、一次テクストにあたると同時に、先達たちが築き上げてきたテクストを見る視点をも学ばなければならない。

　ヴェーバーやパーソンズ、デカルトやハイデッガーの本を読んでもいい。原書にチャレンジしてもいい。豊島にフィールドワークに行くのもいい。それらの行為だけでも十分挑戦的だし、本書の目的からすれば十分合格である。しかし一歩先を進めるならば、そうした行為とよく理解する、解釈するという行為とが別次元のものであることも知っておいてほしい。

先達の視点を学ぶ

　よく理解する、解釈するためには、当該の一次テクストについてすでに提供されてきた先達たちの視点を学ぶことである。先達たちの声を聞くことである。つまり、先達たちの「アバウトブックス」（「○○についての本」）を読むことである。ヴェーバーであろうと産業廃棄物であろうと、それらをどのような視点で見て考えてきたかという先達の考がそこには述べられているはずである。何でもかんで

も一からやろうとする無謀な者がいるが,先達の苦闘にはできるだけすがることだ。それが一次テクストを豊かに見ていくための早道である。

もっとも,いつの場合にも但し書きというものはつきものだが,どの先達を参照するかという信憑性の問題がある。いい加減な先達の功というのは世の中にはたくさんあるので,どれを参照すればいいか読み手の判断が問われる。また,価値ある先達の視点,そこから編み出される考察であっても,それ自体をまた別の視点から批判的に読み解くという高次の作業がテクスト解釈には存在する。本書でここから先を述べるのはさすがに範囲外であるからやめておくが,前者の信憑性については,福田和也が『ひと月百冊読み,三百枚書く私の方法』☞59という本のなかで彼なりの戦略を書いているので,関心のある者は参考までに読んでみると良い。

専門家の話の聞き方　話が読書からそれるが,学会やシンポジウム,セミナー,市民講座などで専門家の話を聞くときにも同じようなことがあるので,ついでに言及しておく。

私は,とりわけ専門外の勉強をするにあたって,学会やシンポジウム,セミナー,市民講座などにできるだけ時間を見つけてでかけるようにしている。シンポジウムやセミナーなどの話それ自体を勉強するために参加しているというよりは,自分がこれからおこなう勉強のあたりをつけるために参加しているといった方が正確である。だから私は,話を聞きながら自分にとってひっかかってくる部分をメモして,会が終わってから報告者や報告に関連して出てきた研究者の著書や論文を集めて勉強する。それは報告

者の話を文章で確認したいということでもあるし，報告者の考え方や研究成果のバックグラウンドを見ておきたいということでもある。

　そうしたなかで，私にとっていちばん勉強になるのは何といっても学会である。というのもある個人の発表に対して，フロアーから疑問やコメントが投げかけられるのが学会だからだ。発表内容はシンポジウムやセミナーなどと同じであっても，フロアーから疑問やコメントが投げかけられるかどうかの違いは大きい。

　さて，個人の発表は私にとっては一次テクストである。とりわけ専門外の私からすれば，当該分野の知識を十分に持ち合わせていないために，その一次テクストを自分でうまく理解，解釈することができない。いわば，いわれるがままにそうだと理解するしかない。「あれ？」と疑問に思っても，その疑問を突き進めていくだけの視点がない。しかし，フロアーにいる他の専門家たちの質問やコメントは，発表者の一次テクストをどのような視点から見るのかを教えてくれるよい機会である。たとえば，彼らは「私のこの研究の立場からすると△△ですが，それはどうお考えですか？」とか「○○をふまえないで，そういう研究をやってもダメだ」とかいって，発表者の提供する一次テクストをそれ以外の知識から相対化して解釈してくれるのである。ここには専門家同士のさまざまな視点がぶつかり合っており，視点の取り方による見方の相違を私のような参加者に提供してくれる。こんなにありがたいことはない。だから，私はこのやりとりがいちばん勉強になると感じるのである。

　発表者の報告が終わった後，フロアーとの質疑を聞かないでそそくさと帰る人がけっこういる。私からいわせればこれはもった

いない。発表者とフロアーとの見方のすり合わせの議論こそがいちばん勉強になるのに，発表者の話だけを聞いて満足だというのだ。知識は与えられるものだとしか思っていない証拠だ。もっとも学会やシンポジウムに来るだけでも来ないよりはましだし，討論の時間が勉強になるといっても，フロアーからのつまらない質問やコメントばかりで時間が過ぎてしまうということもある。だからいつも勉強になるとはいわないが，勉強になると感じる瞬間が発表後の質疑や討論の時間にあることが多いことは，少なからずいえると思う。

8 本にはお金をおしまない

　先に，「本は図書館で借りるよりもできるだけ身銭を切って買った方がいい」という話をした。それは，すぐには読めなくても手元においておくだけで十分「読まなければ！」というプレッシャーになるからである。また，そうでなくとも積ん読にもなる。

　　将来の自己への投資　　しかし，本を買うのはやはり，自身の血となり肉となるための投資だと考える方がいい。似たような話に，一般雑誌での「家計簿チェック」がある。とりわけ収入が少ない場合に，「食費は適切な額か？」「住居費は？」「貯金はしているか？」などと，専門家がチェックして助言するのである。さて，そこでの定番の見方というか定番の助言としてなされるものに，「将来への自己への投資」というものがあって，そういう記載があると「Good！（二重丸◎）」と添削

されていたりする。一般的には、カルチャースクールの講座参加費や書道や華道などの授業料があげられることが多い。趣味や娯楽費は収入が多かろうが少なかろうがそれなりの割合を占め、全体に比しての割合がチェックされることとなるが、自己投資だけは人によっては項目それ自体がなく、日々の生活と趣味・娯楽だけで月々の支出が占められていたりする。だから、どんなに収入が少なくとも、自分が成長するためにお金を少しでも割いてれば、専門家はつい「Good！（二重丸◎）」と評価してしまうのである。自分を成長させたいという気持ちを評価しているとも見て取れる。

　本を買うのにも同じようなことがいえるのではないだろうか。一般的に見て、学生があり余るほどの金をもっているということは考えられない。だから、多くの者にとっては本を買うことで、ほかの活動や場合によっては食費などが犠牲となる。しかし、そこで天秤にかけて優先順位を決める過程、苦労しながらでも本代にお金を割こうとするその気持ちに、日々の生活のなかで勉強しようとする心意気が表れるのではないだろうか。ひいては、それが他の学習活動へとじわじわと影響を及ぼすのではないだろうか。本にお金を使うのは、たんに読書それ自体の意義を深めるのみならず、大学生活全体における勉強の意義を力強く推し進めることにもなる。

つまらない本も役に立つ

ところで、学生に限らず社会人あるいは大学の研究者でさえけっこうそうなのだが、人は「これは良い」「これは必要だ」「これはおもしろそうだ」と思う本だけを物色して買うことが少なくない。役に立ちそうもない、おもしろくなさそうな本は買わ

ないことの方が多い。多くの者にとって本代に費やせる額には限りがあるのだから、少しでもおもしろそうな本、必要な本を買おうとするのは当たり前である。しかし、私は自分の専門周辺の関連書に限っては、どんなにつまらないと思う本でもできるだけ買って本棚に並べるようにしている。これは私が収集マニアだからではなく（それもあるのだが……）、つまらない本を立派に並べておくことで、いかに○○の本はつまらないか、ということを強く意識しておくためである。

良し悪しの判断基準を身につける

学問の世界では、自分の頭でものを見て、考えていかなければならない。「学問」の極にベクトルを向けた勉強も同様である。そこでは原則、何が良くて何が悪いかという判断を自分でしていかなければならない。専門外のことや勉強して間もない頃であれば、前節で述べたように、信憑性のありそうな他者の視点をそのままもらえばいいが、こと自分の専門となるとそうはいかない。自分が一資料をどのように見るかという視点が深く問われるのである。この視点の取り方が悪かったりあやしかったりすると、専門家としては命取りである。

したがって、このような学問ないしは「学問」の極にベクトルを向けた勉強をしていくにあたっては、何が良くて何が悪いか（何がおもしろくて何はつまらないかということでも良いが）を自分で判断する目（視点）を養っていかなければならない。良し悪しの判断基準に敏感になる、自覚的になるともいえる。では、そうした視点や判断基準はどうやって養えばいいのか。

ものを見る、理解するという方法には、「接近的方法」（アプロ

ーチ；approach）と「回避的方法」（アヴォイダンス；avoidance）の２つがある。それをふまえると，「おもしろい」「重要だ」の基準をうまく表現するためには，たんに「おもしろい」「重要だ」と感じること（本）ばかりにアプローチするだけではダメで，これは「おもしろくない」「重要ではない」ということ（本）をアヴォイドしていく技術が必要である。私が大事だと思うのは，良し悪しの判断をする瞬間に，どれだけ「おもしろくない」「重要ではない」ということ（本）が思い浮かぶかである。私は「こんなのもっていてもなあ」と思う本を買いまくっているのは，この一瞬のためである。身銭を切った苦しさが怨念のようにまとわりつき，このアヴォイドする感情をかき立てるということもある。やりすぎてはいけないが，必要な技術だと思う。

第8章 勉強会,自主ゼミをやろう!

1 誰もが説く仲間との議論の重要性

　和田寿博ほかの『学びの一歩』では,まさに「学びの一歩」を踏むべく,いくつかの重要な提案がなされている。その一部は前章でも紹介したが,ここでもう1つ紹介したいのは,仲間との議論の場がいかに勉強を促すきっかけとなるかということである。彼らの説明を引用しよう。

　　自分たちの感性を磨き,学びへのきっかけを掘り起こす格好の場は,キャンパスでの友人や先輩・後輩たちとの雑談や討論の場です。先に例示した映画の話にしても,一人でビデオを借りてきて見るよりも,友だちを誘って一緒に見て,見終わってから「あーだこーだ」と意見交換しあう方が,はるかに多くの新たな発見があるでしょう。

　　しかも,その発見には,単に作品の内容にとどまらず,その作品をとらえる友だちの感性に自分にないものを感じる,といったことも含まれていることが多いのです。友人と一緒に映画を見に行き,相手の感動を聞いて「あぁ,こんな見方

もあるんだ」とハッとさせられた経験は，誰もがもっているのではないでしょうか。私たちは，他者の感性に触れることによって自分の感性を自覚し磨いていくのです。自主ゼミや学術サークルといった場は，お互いの問題意識を発見し，豊かな感性を育む格好の場です。☞60

　和田らが述べるように，ビデオや映画の感想を言い合うくらいの経験は誰しももっているだろう。同じものを見たはずなのにまるで見方が違う，「へぇー，そういうふうに見るのか」と相手に感歎する，ときには批判をする，というあの経験である。そして，他者の言葉に刺激を受け，自然と自己の考えや感性が自覚されるという経験は，自分を発展させる勉強をしていく上でもきわめて重要なものとなる。その経験を実現する場こそが勉強会や自主ゼミである。

　昨今の大学生にとって仲間と勉強会や自主ゼミをつくるのは，相当ハードルが高いことであるに違いない。ビデオや映画といった娯楽的な状況でのおしゃべりとは訳が違う。「自分はやるぞ！」と思っていても，まわりに意識の高い者，「勉強するぞ！」と思っている先輩や後輩，友人をどうやって見つけるかが本当に難しいのである。私のまわりの京都大学の学生でさえこの問題に苦しむ者が多いのだから，一般的にはなおさらそうだろうと思う。

　しかし，自分を発展させる勉強をしていくためには，ある問題や事物に対する自分の見方や考え方を聞いてくれたりコメントしてくれたり，ときには批判してくれたりする他者がどうしても必要不可欠である。ハードルは高いが，学びの本の多くが勉強会や自主ゼミの意義を説くのは，まさにその重要性を指摘せずにはい

られないからである。

2 自分の言葉で世界を表現する苦しさ

> 最初は苦しい

いざ勉強会や自主ゼミの場を実現できたとしても、はじめのうちは何を議論したらいいかわからない、という戸惑いがあるだろう。映画やビデオと違って、「おもしろいね」とか「難しいな」とかそんな一言の感想はいえても、中身について突っ込んだ議論、やりとりをしていくことはなかなか難しい。内容についての関連知識が乏しければ乏しいほど、議論は表面的なところを行ったり来たりして、「こんなのでいいのだろうか？」と不安な気分にもなってくる。

私もそんな経験を何度もしたが、しかし私はそれでいいと思う。こんなことをいってはなんだが、「何もいうことがない」「考えを述べても表面的な感じがする」ということそれ自体、1人ひとりの未熟な自己の世界の表現、反映なのである。言い換えれば、ある本やある勉強会でのテーマについて表現する、世界を語るに足る自分の言葉をもっていないということであるし、世界を明確なかたちとして理解していないということなのである。言葉は世界をどう理解しているかを形づくるものである。だから考えそれ自体が浮かんでこないし、考えが浮かんできたとしてもそれを思うように言葉にできずに苦しいということになる。

> とにかく言葉で描写してみる

この状態を乗り越えていくには，苦しくても，どんなに稚拙でも気にせずに自分の言葉で表現し続けるしかない。そうすれば表現する語彙が増え，言葉が分化し，描写（describe）が細かくなっていく。語彙，描写の豊かさは見方の豊かさ，複雑さと同義である。英語を話す場合でも，いつまでも単語や文例集を覚えるばかりではなく（この段階はとても重要だが），自分の言葉（英語）で思うこと，感じることを描写していくことが重要である。描写し続けていれば，ある1つのことを描写するにもさまざまな単語や表現で言い直しが可能となり，微妙な違いを分別して描写することができるようになる。英語であっても，自分の言葉による描写が最終的には上達の道となる。

そして，幼稚な描写でも議論として許される場や機会こそが，インフォーマルな仲間と一緒にやる勉強会や自主ゼミである。そこでは，先生からの評価やまわりからの批評を気にしなくてよい。究極的には，フォーマルな場でしっかりとした描写（しっかりとした意見を述べる）ができればいいわけだが，スポーツでいきなり試合に出ても活躍できないのと同じで，やはり普段の練習の場が必要である。それが勉強会や自主ゼミではないかと私は思うのである。

第5章で，東京大学の基礎演習では人の発表や報告を聞いて「意見をつくる」重要性が説かれていることを紹介したが，これも同じだと私は思う。私の考えでは，その力を授業のなかだけで完全に身につけることはなかなか難しい。実際にはそういうことに長ける者がいるように見えるが，私はそういう者でも，日常のどこかで議論できる相手や場などをいろいろともっているものだ

と話を聞いていてよく思う。場合によってそれは，おしゃべりな家族（親）のなかでの会話であったりもする。

3 他人の意見とすり合わせる

　第2章で述べたように，高校まで求められるのは，知っているか，理解しているかが問われる答えのある「勉強」である。しかし大学以降，社会に出て求められるのは，「学問」にベクトルを向けた，どちらかといえば答えのない勉強である（ここでの「勉強」と「学問」の両極の定義は 21 頁に戻って参照してほしい）。つまり，ある問題や事物に対して自分なりの見方や考え方をもてるようになるための勉強である。勉強会や自主ゼミの意義は，この「学問」の極へと志向した，答えのない勉強をおこなおうとする文脈において強く立ち現れる。

「答え」とは何だろうか？

　「答えがある」勉強と「答えがない」勉強との違いがわかりにくいという読者がいるといけないから，少し具体的な説明を入れておこう。

　高校までの答えのある勉強にすっかり慣れてしまっている者には不思議に感じられるかもしれないが，「答えがある」というのは，じつは他者あるいは学術団体やコミュニティが，「これを正しいとしましょう」と認めた上ではじめて成り立っている状態である。究極的にいえば，どんな知識や問題を例にとっても，絶対にそれでないといけない，そう見ないといけないといえるものなど世の

中には存在しない。天動説がコペルニクス、ガリレイによってひっくり返され、カントによってコペルニクス的転回と称された事実から明らかなように、「これが答えだ」とコミュニティが強固に信じていたことが、いろいろな発見や考え方の進展に伴って「間違いであった」となることはある。

　受験でも、合否を決めないといけないからこれを正解としましょうとしているだけで、ある者が見れば、「別にそれ（その答え）でなくとも、こういう視点で解答してもいいのでは？」というのは十分ありうるのである。また、シェイクスピアという人物はたしかに実在したが、あの一連の作品を執筆したのはじつは遠い親戚のヘンリー・ネビルという外交官であった、という記事が新聞に掲載されていた。こんな話はこれまでいくつもあったし、この話がどれだけ議論に値する価値があるものなのかは私にはわからないが、意外と誤謬の根は、シナリオとは1人で書くものだと信じ切って疑わない現代的なまなざしにあったりもする。

　こうしてあげる例は大きなものだが、大なり小なり似たようなことが私たちの日常を取り巻く世界でも起こっている。9・11問題然り、環境問題然り、人権問題然り。それらの問題をどのように見たり考えたりするかは、立場や考え方、どの点からフォーカスするかなどによってまるで違うのであって、1つだけの「正しい答え」などはあろうはずがない。「答えがない」とはまさにこのような状態を指している。

| 答えのない勉強のすすめ方 |

このような答えのない勉強をしていくのに、どうして勉強会や自主ゼミが重要となるのだろうか。状況的学習論という考

え方の先駆けとなったサッチマンの提唱を例にして考えてみよう。以下の文章は，サッチマンの『プランと状況的行為』という本の冒頭からの引用である。[62]

> トーマス・グラッドウィンはトラック諸島の島民が公海を航行する方法について，ヨーロッパ人が航行する方法と対比した素晴らしい論文を書いている。彼はこう指摘している。ヨーロッパの航海士は何らかの一般的な原理に従って海図に描いたプラン（計画）——すなわち，1つのコース——から始め，すべての動きをそのプランに関係づけることで航海を遂行するのである。航行中の彼の努力は"コース上に"とどまることに向けられる。もしも予想外の出来事が生じたら，彼はまずプランを変更し，しかるのちにそれに従って対応する。トラック島の航海者は，プランではなく目標から始まる。彼は目標に向けて出発し，発生する条件にアドホックな（その都度の）やり方で対応する。彼は，風や波や潮流や，ファウナ（動物相）や星や雲やボートの側面に打ち寄せる水の音によってもたらされる情報を利用し，それに従って舵をとる。彼の努力は目標に至るのに必要なことすべてを実行することに向けられる。聞かれれば彼はいつでも目標をさし示すことができるが，コースを描くことはできない。[63]

サッチマンがグラッドウィンの研究を例にして主張しているのは，ある目的に向かう行為（目的論的行為）に2つの相異なる見方があるということである。彼女があげる例でいえば，ヨーロッパ人の航行術は目的地までのコースを「プラン（計画）」するこ

第8章 勉強会，自主ゼミをやろう！

とに原理がある。しかし，トラック諸島の島民の航行術は状況に合わせてとにかく「目標」に向かうことに原理がある。どういうふうに目的地に向かっているかは説明できないが，目的地に至る必要なことはすべて実行する。とにかく目標に向かって進んでいるのである。

ヨーロッパ人のプランに依拠した航行術は従来の一般的な見方であり，それは目的論的行為とはそういうものだと一般的に見なされてきたものである。ところがグラッドウィンが提示したのは，目的論的行為にも状況に依拠した別の方法があるということであった。それはどちらが正しいとはいえないものであるが，条件しだいではどちらの場合であっても目的地に着く。サッチマンは，その条件を取り巻く理論についてプランか状況かと議論している。

この話からわかるのは，同じ目的論的行為が根拠の取り方によって違ったかたちで説明される，違ったように見える，ということである。これが答えが一律的ではない，いわば答えがないといえるものの別の例示ともなる。そして，「学問」の極にベクトルを向けた勉強とは究極的にはこのような見方や考え方の形成，主張を目指すのであって，たんに「目的論的行為とは〇〇です」と理解する，覚えるという「勉強」とはずいぶんと異なるものである。

| 自分なりの見方をどうつくりだすか |

勉強会や自主ゼミの意義を考えるうえでは，サッチマンが自分なりの見方（ここでは状況に依拠した目的論的行為）をどのように形成していったかを想像してみることも重要である。もちろん私の想像上の話でしかないが，そんなに細かなことをいうわ

けではないので,それほど的を外していないと思う。

　サッチマンの見方,考え方が形成される過程では,研究会や学会,シンポジウムなどで他の研究者とずいぶん多くの議論が重ねられてきただろうと思う。それまでみなが理解している見方をふまえながらも,彼女の主張がどうオリジナリティがあるかが示されてきたに違いない。しかし,従来の見方に慣れてしまっている人,あるいはある見方や考え方に固執する人にとって,彼女の主張はまるで理解できないということがままある。その結果,疑問や質問が怒濤のように来る。もしそこでサッチマンがうまく答えられない(実際,これもよくあることである),あるいは「私の勘違いでした,すみません」となってしまうと,すべてはジ・エンドである。

> 他者との相対において自分の見方・考え方を提示する

　結果として,サッチマンの見方や考え方が世に受け入れられていったのは,彼女が他者からの疑問や質問に真摯に答え,他者のもつ見方,考え方との相対においてみずからのそれを示していったからであろう。ただ独りよがりの主張を提示したわけではない。「自分なりの見方や考え方をもつ」というのは聞こえはいいが,実際にはそれは独りよがりなものと紙一重であることが多い。「君がそう考えるのは勝手だが,そんなことは世の中では通用しないよ」とか「君がそう考えるのは勉強不足だからだ」などと一蹴されることだってあるのであって,そういわれて何も反論できなければそれで終わってしまうのである。「自分なりの見方や考え方をもつ」というのは,相手の世界を知ってはじめてできることなのである。ここでいう相手の世界とは,これまで明ら

かにされてきたこと，一般的に正しいと見なされていること，特定の他者の考えなどのことを指す。

だから，「自分なりの見方や考え方をもてるようになる」ためには，他者のもつ見方，考え方との相対において自分なりの見方や考え方を提示する場が必要である。サッチマンであればそれは学会や研究会などであっただろうし，学生であればそれは勉強会や自主ゼミである。

つね日頃から他者に自分の見方や考え方を聞いてもらう環境をもつことは，答えのない勉強をしていく上で欠かせないものである。そこでは，他者に理解してもらえるような根拠の提示，説明のしかたが徹底的に鍛えられるだろうし，理解してもらえない場合には，理解してもらえるような根拠を探し直すことや説明のしかたを変えることなども求められるだろう。そうした1つひとつの勉強が勉強会や自主ゼミではできるのであって，同じことを1人でおこなう勉強やただ教室で座って授業を聞いているだけの勉強でやろうと思っても，なかなかできるものではないのである。

4 身体が問われるということ

他者と知識をシェアすることで身体（からだ）が問われることも，勉強会や自主ゼミの意義の1つであり，勉強を意欲的に続けていく上できわめて重要な要素である。それは必ずしも勉強会や自主ゼミに限ったことではないのだが，勉強会や自主ゼミではとくにその意義が顕著に現れる。

身体を媒介とした学習環境

教室での一方向授業は学生の身体の問題を論ずるのにもっとも代表的な例であるが、ここではさらに端的に身体の問題が表れる例として、予備校や通信教育などでおこなわれているビデオ学習やインターネットでのeラーニングを取り上げたい。というのもビデオ学習やeラーニングといった個別学習は、自己の身体が問われる状況を完全に奪い去っており、学習における身体の重要性が如実に指摘される契機ともなっているからである。

（学習者の）「身体が問われる」というのは、授業者が学習者を「見て」、学習者が授業者から「見られている」と感じる状況のことである。たとえば、教室の大きさにもよるがかりに大教室であろうとも、途中で授業を抜けるのには勇気がいるだろう。先生も教室から出て行く学生の姿を注視する。何かいわれることはないにしても、先生から「見られている」という感じをまぬがれえない。それは、「見る」「見られる」という二者関係を成立させる身体がそこにあるからである。演習やゼミナールの授業となると、この状況はもっと極端になる。先生との距離は格段に縮まり、いつあてられるかわからない、居眠りも許されない緊張感が生じる。この緊張感を生み出す媒体として、身体が存在している。身体があるからこそ、あるいは目に入る肉体があるからこそ、授業者と学習者とのあいだに「見る」「見られる」の関係が成立する。

しかしビデオ学習やeラーニングでは、そうした身体を媒介とした学習環境がそもそも成立しない。その結果、先生からあてられる心配はないし、わからない、おもしろくないといって途中でやめることも可能である。「いつでもどこでも自分のペースで学習できる」などと安楽なキャッチフレーズが飛び交っているが、

勉強をしていく上で何かしら大事なものが抜け落ちている気がする。それは何だろうか。

> 勉強するときに喚起される感情

それは、勉強するときに付随して喚起されるあらゆる種類の「感情」であろうと思う。身体が問われるということは、当該状況に関連した感情が喚起されることを意味する。

たとえば大教室からそそくさと退室するだけでも、先生に対しては心のなかで「申し訳ありません、先生の授業はおもしろいんだけど、クラブのミーティングがあるんです」とか「こんな授業受けていても時間の無駄だよ、昼飯でも食いに行こう」とか、何でもいいのだがいろいろ感情が生起するはずである。演習やゼミナールの授業で先生が「何か意見のある人は？」といって、誰も何も答えず（答えられず？）、しばらく沈黙が続く。「誰か何かいえ！」とか「何も思い浮かばない」とか、学生の心のなかでは何かしらの感情が喚起されている。それは学生たち自身の身体が問われているからである。表面的には、ビデオやeラーニングの講師が「○○を考えてみましょう」と問いを発した状況と類似しているが、本質はまるで別物である。演習やゼミナールでは身体が問われるから感情が喚起されるが、ビデオやeラーニングの学習では学習者の身体がまったく問われないから、感情は喚起されない。だから、画面上の講師から何を質問されても平気だし焦ることもない。逆に、うまく答えたりうまく反応できたりしてほめられることもない。

前節では、自分なりの見方や考え方をもつために他者のそれと相対化させることが重要で、そのためにはコメントや批評をして

くれる他者の存在が必要だ，と述べた。しかし，他者の存在は勉強の意欲をさまざまな意味で喚起させるためにも重要である。たとえば演習やゼミナールの授業で先生が学生に質問をする。自分は何も思い浮かばない。必死で考えるが考えがうまくまとまらない。どうしようかと焦っていると，友人がさっと自分の考えを饒舌に述べる。同じように授業に参加してきたはずなのに自分は何もいえない。しかも友人の発言は，「なるほど，そういうふうにも考えられるか」と感心させられる。先生も「君はなかなかよくものごとを考えているな」とその友人をほめる。こんな状況で，「あいつは特別だよ」と思うこともあるだろうが，「ああ，もっと勉強しなければ！」とか「もっと本を読まなければ！」と思うことができたら，それは勉強への意欲にかなりの程度貢献するに違いない。

語学学習でも問われる身体

私がこれまでいちばんつらかったのは，何といっても海外での外国人との議論である。うまく理解できればそんなたいしたことをいっているはずはないのだが，英語が聞き取れない，聞き取れても間髪入れずに意見を述べたり反論したりするに足る英語力がない。そのせいで議論からは完全においていかれている。誰もしゃべるときに私の方を見ていない。議論が終わった後も他の外国人からは，「お前はおとなしいな」とか「日本人だからしかたないな」というような侮蔑的な目で見られているのを感じる。似た状況が何度も何度も重ねられて，私は相当自己嫌悪し，「何とかあいつらをぎゃふんといわせないと気がすまない」，そう思い続けて勉強してきたところが正直いってある。

「日本のなかだけでそれなりにやれていればいいかな」と思ったことも何度かあるが、逃げている自分がいる結果の意識であることまではごまかせない。自分の研究成果は日本人向けだから、何も外国人と張り合わなくてもいいか、と思ったこともある。それはたしかにそうなのだが、どうも許せない。こうした感情がいつまでも喚起されるのは、やはり私の身体が問われて、外国人からどのように「見られ」たかということが骨の髄までしみ込んで消えないからである。勉強ができる、できない、知識がある、ないの話ではない。私の存在それ自体が問われているのである。人生をかけた行き場のない自分への怒りなのである。大袈裟だが、「身体が問われる」というのはこういうことなのだと私は思っている。

　余計だが、もう1つ身体が問われるという話。私は上記の理由から語学は相当の時間をかけて勉強しているし、英会話学校にも定期的に行っている。しかし、はじめの頃は英会話学校に行っても恥ずかしいと感じることが多くあり、つらかったことをよく覚えている。2〜3人のグループレッスンを受けているのだが、そこでは他の高校生や大学生が流暢にしゃべっていたりする。下手に大学教員だなんて自己紹介してしまうと最悪で、小学校や高校の先生なんかがその場にいたりすると、「えっ、大学の先生の英語ってこんなもの？」（なるべく京都大学とはいわないようにしていたがそれでも……）みたいに思われているような気がしてくる。もちろん、そんなことは露骨にいわれないのだが、どうも思われているような気がしてならない。身体が問われ、喚起する感情の意味を解釈するのは自分である証拠だ。

　あまりにつらいので、いっそのことマンツーマンの個人レッス

ンに変えてもらおうかと何度か思ったが,結局そのまま続けた。しかし,これはそのまま続けてよかったといまさらながらに思う。というのも,2〜3人の議論の場でうまく英語が話せない,思ったことをさっといえない,いいはじめてうまく英語になるだろうかと不安になる,こんなもどかしさが海外での外国人との議論の場で喚起される感情にかなり似ているからである。そうであるなら,このつらく感じる場のなかで,つまり身体が問われる状況のなかで問題を克服していかないと話は進まない。こうして,私はそのグループレッスンの場を本番の試合であるかのように設定し,それ以外の場で練習を積み重ねたもの(要は自分でも勉強したということ)を本番の試合で試し自分を成長させようと考えた。いまでもそんなに流暢に英語が話せるわけではないのだが,少なくとも議論の場で不安が取り除かれるくらいにはなっている。海外で外国人をぎゃふんといわせられるにはまだ数年必要だが,多少はましになってきている。

他者の存在の必要性

人は「おもしろそうだ」とか「これ知りたい」とか,それくらいのことではなかなか意欲的に勉強をしていくことができないものだと私はよく思う。しかし,身体が問われる状況を積み重ねて,「もっと勉強ができるようになりたい」「せめてゼミでみんなの前で意見が述べられるくらいにはなりたい」「あの人のようになりたい」「いまの自分ではまだまだダメだ」などという意識が出てきたらしめたものである。相当本気で勉強できるようになるに違いない。そのためには他者が必要である。

学生にとってこうした場は,先に述べた演習やゼミナールの授

業でもいいし，本章のテーマである勉強会や自主ゼミでもいい。フォーマルな場であろうとインフォーマルな場であろうと，自分を奮起させてくれるには他者が必要である。自分を発展させるための勉強はいうまでもなく自分のためにするものであるし，目標に向かって自己の成長を期待してするものである。しかし，人は他者によって自己を相対化することでしか，さまざまな感情を生起させられない生き物である。自分を成長させる勉強をしていくためには，どうしても他者の存在が必要である。人間とはそういう生き物なのである。

第9章 *1回1回の課題や発表を大事にしよう！*

しっかり準備をする

千葉敦子は，仕事の注文がどのように来るのかについて次のように述べている。

> 書き手は別にセールスに出歩く必要はない。ただいい原稿を書きさえすればいいのである。いい原稿とは，一口にいえば，事実の把握が正確で，読者がそれまで読んだことのないような新しい事実か分析あるいは展望が述べられており，いい英語で書かれていること，であろうか。さらに，その出版物の読者が読みたがっているテーマについて，タイミングよく報道するセンスも必要である。ある水準を満たす原稿を書いていれば，注文はひっきりなしにくることになる。☞64

フリージャーナリストとしての千葉の話ではあるが，この心構えはそれ以外の仕事に就く者にも，ひいては学生にだって十分通じるところがある。

私の場合この手の話で思い当たるのは，とくに講演である。私は話がかなり苦手である。書くことも苦手だが，話は書くことよりももっと苦手である。というのも，言い直しや後で人に見てもらったりすることができないからである。自分のもっているものが瞬時に露呈し，瞬間，瞬間の機転も求められる。記憶力も悪い

ので，話の途中で話そうと予定していなかったところに思考がいき，「あのー，何でしたっけ，あのー，あれ，あれ……」と大事な事実や年代が思い出せないこともしょっちゅうある。予定していなかったことなら話さなければいいのに，どうしてもいったん頭に浮かんだら話をそこにもっていってしまう。私の悪い癖だ。

しかし，落ち込んでいてもしかたがない。できないものはできないのだ。ライブの場では隠そうとしてもどうしても露呈してしまうのだ。だから，私は準備のしかたを改善することにした。具体的にいえば，話の筋をレジュメやパワーポイントなどにまとめるだけでなく，それを見ながら一度簡単にリハーサルをするのである。すると，例外なく予定していなかった話をしてしまうし，余計なことを話すばかりに，大事なことや結論をしっかりと話す時間がなくなるという事態にもなる。本番でなくてよかったと胸をなで下ろす。と同時に，これまではいわばぶっつけ本番だったわけだから，話がうまくまとまらず，あるいは話のおちがうまくまとまらず，だらだらと時間を延長することがあったことなども

むしろ当然だったと反省する。

簡単にリハーサルをすると，記憶のあいまいな事実や年代を事前に確認することができる。記憶力が悪い私でも，1日前くらいに記憶の表に引っ張り出しておけば，まず忘れることはない。しかも全体をリハーサルしてみると，時間が足りなくなることの方がほとんどであるから，話のどこに時間をかけて話すか，どこは軽くスキップしていくか，話の強弱を調整・吟味することができる。記憶力が悪い私であるから，これくらいの準備が必要だということだろう。

さて，なぜ私はリハーサルをするようになったのか。これには2つきっかけがあった。1つは，あるとき国際学会で英語のプレゼンテーションをするときに，英語が心許ないから事前にリハーサルをした。内容はさておき，これがなかなかよかった。これはさっそく日本語でもやった方がいいのではないか，そう思ったのである。

しかし，同時にその考えを促したに違いない，あるエピソードも頭に浮かんだ。それは，昔一世を風靡したあるミュージシャンが現在大学の先生になっていて（しかも優秀な学者である），その先生が学会発表のとき，「あれっ，楽屋はどこ？」といって周囲を驚かせた（笑わせた？），というものである。学会に行ったことのある者はすぐわかるだろうが，学会の発表は一般的には大学の普通の教室でおこなわれるから，学会関係者の控え室はあっても，一発表者の控え室など用意されていることはない。楽屋の話はたとえ一学会発表といえども，その発表に臨む先生の心構えを表すものではなかったかと思う。私はあまりその世界を知らないが，素人ながらに想像するだけでも，楽屋から本番ステージまでの道

のりはこれまで何度も練習した成果をみなの前で示す緊張感のある移動だ。

　たかが学会の一発表だと思ってすっかり慣れてしまっている自分をそこにあてはめてみると，何と時間を割いて発表を聞きに来てくれている聴者を蔑ろにしたものか，そう考えるようになった。学会発表をするときでも先の講演と同じで，発表資料を準備するだけで話はほとんどぶっつけ本番ということがつねであったが，いったんこういうことを考え始めると，私は自分が研究してきたこと，考えていることを，短い時間のなかで精一杯示す努力は怠ってはいけない，そう考えるようになった。

つねに真摯な心構えを

　こういうふうになってくると，その心構えは講演，学会発表に限ることなく，あらゆる場面に一般化されていく。たとえば原稿を1つ書くにしても，雑用を片づけるかのような中身のない原稿は書かないというふうになってしまった。私が本当に伝えたいもの，大事だと思って調べていること，考えていることを書きたい，それが私の論

138　第II部　行動編

文や本を読んでくれる者へ私が示す誠意である。読者にちょっとでもいい加減な態度を見せると信用を失う，このことを大事にしようと思うようになった。そのためには，誰でも替えがきくような仕事は安請け合いしないようにと決めた。もちろん，書いた結果としての内容には不十分なところが多々あるだろうが，それは心構えの問題ではないので，少しずつ頑張って成長していくしかない。とにかく私は自分の研究や実践に対する心構えが真摯なものであって，いい加減なものではないことを，一機会，一機会ごとに示していかねばならないと考えるようになったのである。

　この心構えを授業にもあてはめるようになった。前に授業のしかたがまずくて，学生たちの反応が悪かったことに非常に苦しめられた時期があった。講演と同じで言葉に詰まったりいらないことを話し始めて結論なしに授業時間が終わったり，そういうことがままあったのである。学生に対しても自分の落ち度の自覚があるから引け目を感じ，堂々と接することができない。京都大学であるから，こんなモードで勢いのある学生たちと接するのはかなりきつい。深刻である。こんなところにも，心構えが適用される状況はある。いろいろ考えていくと，そうした状況はけっこうあるものである。

　自分の学生時代やこれまでを棚に上げて偉そうなことはいえない。しかし，演習の授業などで学生たちの発表を見ていると，自分と重なり合うかのような準備の悪さが目立つ。一生懸命かたちにしようと奮闘するが，短い時間のなかでの，しかも経験の少ないなかでの努力（あえぎ？）は実らないことが多い。

　私はうまい発表をするためだけにこの話をしているのではない。1つひとつの発表の機会や，発表でなくてもレポート課題などに

おいても，真摯に準備して取り組むことが，大学生活全体のなかで自分を発展させる勉強をしっかりやっていくことにつながるだろうと考えるのである。ちょっとした心構えがいろいろな側面,活動に波及するのは私の例で示したとおりだ。ぜひ面倒くさがらずにやってみてほしい。

文献・注

ここでは，本文中で☞で示した文献，あるいは注をまとめてある。

第1章

(1) 梶田叡一 (1987)『子どもの自己概念と教育（増補）』UP選書，東京大学出版会。初版は1985年に刊行。

(2) 金井壽宏 (2002)『働くひとのためのキャリア・デザイン』PHP新書，PHP研究所。

(3) 田中健夫 (2005)「大学生活の"目標を考える"こと——学生生活・修学相談室の案内」『radix（ラーディクス）』（九州大学全学教育広報），41，26-27。26頁の図を改変。

第2章

(4) 尾崎仁美 (2001)「大学生の将来の見通しと適応との関連」溝上慎一編『大学生の自己と生き方——大学生固有の意味世界に迫る大学生心理学』ナカニシヤ出版，167-196。179頁の図6-3を改変。

(5) 村上龍・［絵］はまのゆか (2003)『13歳のハローワーク』幻冬舎。

(6) 中村修二 (2004)『大好きなことを「仕事」にしよう』ワニブックス。

(7) 諏訪哲二 (1997)『「管理教育」のすすめ』洋泉社。

(8) 諏訪哲二 (2004)「消費社会下の子どもたちと『学校文化』のゆくえ」『学研・進学情報』9月号，2-5。引用は4頁より。

(9) 正課の勉強をすっかり放棄して社会活動，イベントなどに飛び出してしまう者はどうか。もし彼らが同様の質問を受ければ，きっと「将来やりたいことはあり，行動も起こしている」と答

えてくるだろう。しかし，このタイプの学生はけっして一般的ではなく，彼らは本論の対象からは外して考えている。
(10) たとえば，小池和男・中馬宏之・太田聰一（2001）『もの造りの技能——自動車産業の職場で』東洋経済新報社，を参照。なお，野村正實（2001）『知的熟練論批判——小池和男における理論と実証』ミネルヴァ書房，という小池批判が出ているが，本書ではそこまでの「知的熟練論」を論じてはいないので，同書の紹介だけをするにとどめておく。

第3章

(11) 岩田弘三（2003）「アルバイトの戦後社会小史」武内清編『キャンパスライフの今』玉川大学出版部，242-269。
(12) 高橋和雄（1979）「アルバイトのニーズと効用」天城勲編『エリートの大学・大衆の大学（大学から高等教育へ3）』サイマル出版会，52-65。引用は63-64頁より。
(13) 浅羽通明（1999）『大学で何を学ぶか』幻冬舎文庫，幻冬舎。
(14) 矢野眞和（2005）「工学教育のレリバンス——学習慣仮説」『IDE 現代の高等教育』470，57-64。引用は57-58頁より。
(15) 小方直幸（2002）「職業的レリバンス研究における大学教育——質問紙調査の能力項目分析」『広島大学大学院教育学研究科紀要 第3部』51，407-413。
(16) 小方直幸（2001）「コンピテンシーは大学教育を変えるか」『高等教育研究』4，71-91。
(17) 小方直幸（2000）「コンピテンシーと大学教育の可能性」『広島大学教育学部紀要 第3部』49，433-440。434頁の図1を一部改変。
(18) 鈴木道夫・森俊昭（2005）「KDDIにおけるキャリア開発支援活動について」『日本キャリアデザイン学会2005年度大会資料集』69-72。三角形図式は発表資料（未公刊）より。

(19) 前掲（15），410頁の表3を改変。
(20) 小方直幸（2004）「大卒者の採用と大学教育の職業的レリバンス」『季刊中国総研』8，29-33。表は30頁の文中記述をもとにして筆者が作成。
(21) 社員の働き方，求められる能力が変わってきているのは，何も日本だけではない。アメリカやヨーロッパをはじめとする先進諸国ではどこでも問題になっていることなのであって，こうした新しいキャリアの模索はグローバルな文脈で理解されるべきだと，金井（前掲2）では述べられている。
(22) 前掲（14）。
(23) 大久保幸夫編（2002）『新卒無業。――なぜ，彼らは就職しないのか』東洋経済新報社。

第4章

(24) 溝上慎一（2004）『現代大学生論――ユニバーシティ・ブルーの風に揺れる』NHKブックス，日本放送出版協会。
(25) 全国大学生協連は「キャリア形成支援活動プロジェクト」と称する，学生のキャリア形成を支援する活動を実施している（この名称のプロジェクトは2004年度からであるが，それまでも同種の事業が「学びと成長支援事業」と称しておこなわれてきた）。具体的には，産業廃棄物の不法投棄の現場を見学に行くといった社会体験やインターンシップ・プログラムを代表とする職業体験や就労体験などで，広い意味で学生たちの学びと成長に資するものである。くわしくは，『2004年キャリア形成支援活動・外国語コミュニケーション活動セミナー報告集』（宇都宮大学消費生活協同組合・全国大学生活協同組合連合会；未公刊）の檜山智明「基調報告」（31-35頁）を参照のこと。
(26) たとえば，文部科学省の「平成16年度特色ある大学教育支援プログラム」にも採用されている徳島大学工学部についての取

り組みの端緒は，英崇夫・猪子富久治・小西克信・升田雅博・三輪恵（2001）「専門科目への動機づけを主眼においた初期創成科目」『工学教育』49, 38-43, にまとめられている。

(27) たとえば福井大学教育地域科学部の取り組みとして，寺岡英男（2003）「教員養成系学部の状況と改革の構想」『IDE 現代の高等教育』450, 30-34, を参照のこと。

(28) 溝上慎一編（2002）『大学生論――戦後大学生論の系譜をふまえて』ナカニシヤ出版。引用は 172-174 頁より。

(29) 前掲（28），184-185 頁より。

(30) 和田寿博・河音琢郎・上瀧真生・麻生潤（2003）『学びの一歩――大学の主人公になる』新日本出版社。

(31) 前掲（30），2 頁より。

(32) 鷲田清一（2005）「いま，改めて大学教育について考える」『創造と実践』（大阪大学大学教育実践センター），5, 2-9。引用は 2 頁より。

第 5 章

(33) 小林康夫・船曳建夫編（1994）『知の技法――東京大学教養学部「基礎演習」テキスト』東京大学出版会。『知の論理』（1995 年），『知のモラル』（1996 年），『新・知の技法』（1998 年）も同じ編者，同じ出版社。

(34) 前掲（33），269-270 頁より。

(35) 前掲（33），270-271 頁より。

第 6 章

(36) 森靖雄（1995）『大学生の学習テクニック』大月書店。

(37) 千葉敦子（1981）『乳ガンなんかに敗けられない』文藝春秋。

(38) 鎌田浩毅（2005）『成功術 時間の戦略』文春新書，文藝春秋。引用は 24-25 頁より。

(39) 前掲（38），25頁より。
(40) 学習技術研究会編（2002）『知へのステップ——大学生からのスタディ・スキルズ』くろしお出版。
(41) 前掲（40），4頁より。
(42) 前掲（40），4頁より。
(43) 前掲（38），24頁より。
(44) 前掲（37），192頁より。
(45) 学び支援プロジェクトの理論的背景，具体的な成果，ならびにここで紹介している工学部男子学生の事例などは，溝上慎一編（2004）『学生の学びを支援する大学教育』東信堂，にまとめられている。
(46) 福田和也（2004）『ひと月百冊読み，三百枚書く私の方法』PHP文庫，PHP研究所。引用は195-196頁より。

第7章

(47) サンダース, B./杉本卓訳（1998）『本が死ぬところ暴力が生まれる——電子メディア時代における人間性の崩壊』新曜社。
(48) 加藤周一（2000）『読書術』岩波現代文庫，岩波書店。引用は5-6頁より。
(49) 夏目漱石（1938）『吾輩は猫である』岩波文庫，岩波書店。
(50) 前掲（30），93-94頁より。
(51) 前掲（30），94頁より。
(52) 前掲（48），16-17頁より。
(53) 前掲（37），168頁より。
(54) 前掲（30）。
(55) 前掲（48）。
(56) 加藤（前掲48）は，現代劇の体験を通したスキーマ形成を，次のように述べている。

「私はむかしパリに住んでいたときに，およそ二年のあいだ，

たくさんの現代劇を見てまわり，その一つ一つをたいへんおもしろいと思いました。パリにはたくさんの劇場があって，各国の芝居の翻訳も上演されているので，そういうことを続けているうちに，アヌイからモンテルランまで，ハウプトマンからブレヒトまで，テネシイ・ウィリアムズからT・S・エリオットまで，チェホフからゴーリキイまでひととおり現代劇のからくりがわかってきました。そうして二年ののち私は評判の現代劇の小屋を片っぱしから見物に行くという興味を失い，見ないうちから，どれでもつまるところ同じような劇的対立をしか含んでいないと思うようになり」(86-87頁より。文中に挿入されていた劇作家，小説家の説明は省略した)。

(57) ジョイス，J.／丸谷才一・永川玲二・高松雄一訳 (2003)『ユリシーズⅠ～Ⅳ』集英社文庫，集英社。

(58) 原文は，Joyce, J. (1986) *Ulysses. Middlesex*, England : Penguin Books. (original book published in 1922), 608頁。翻訳はジョイス，J.／丸谷才一・永川玲二・高松雄一訳 (2003)『ユリシーズⅣ』集英社文庫，集英社。引用は279頁より。

(59) 前掲 (46)。

第8章

(60) 前掲 (30)，51頁より。
(61) 『読売新聞』2005年10月6日夕刊。
(62) サッチマン，L. A.／佐伯胖監訳 (1999)『プランと状況的行為——人間-機械コミュニケーションの可能性』産業図書。
(63) 前掲 (62)，ⅰ頁より。

第9章

(64) 前掲 (37)，21頁より。

巻末付録(1)

類書のガイド

さらに大学での学びを考えたい人へ

　本書の学び論は,「自分なりの見方や考え方をもつための勉強」ということを基本性格として全編展開されているので,授業を受けたり文章を書いたりする学習スキルなどについては,本書ではほとんど取り上げなかった。しかし,この類の好著はすでに多数公刊されているので,ここでは本書の性格を超えて広く学びについて考えていきたいという読者のために,そうした好著を紹介することとした。紙面の関係で取り上げられなかったものもいくつかあるが,足がかりとして参考にしていただきたい。

▷学生たちの生の声をもとにして大学での学びを説く
▷講義も含めて大学には至るところに学びがある
▷大学の授業に関する学習スキル全般
▷学問という行為の技法を学ぶ
▷読書のしかた
▷自己表現テクニック──話し方・書き方
▷効果的なビジュアル・プレゼンテーションの技法
▷人生を成功させるための戦略

▶学生たちの生の声をもとにして大学での学びを説く

和田寿博・河音琢郎・上瀧真生・麻生潤（2003）『学びの一歩——大学の主人公になる』新日本出版社

　大学での「勉強のしかた」なる本は，ほとんどの場合大学の教員が自分の偏った経験をもとにして説くスタイルであるが，本書は学生たちの生の声をできるだけ集めて，その声をたよりに大学での「勉強のしかた」を説く本である。学生たちの目線でものを考えるという私の基本姿勢と通ずるところも多く好感がもてる。類書を読んでみたいと思う読者はまず手にとって読んでほしい1冊である。

▶講義も含めて大学には至るところに学びがある

加藤諦三（1985）『大学で何を学ぶか——自分を発見するキャンパス・ライフ』知恵の森文庫，光文社

　大学時代には，大学生活や進路，対人関係などあらゆる場面に，個人の主体的な成長・発展を促す契機があり，そのときどきでどういう考え方や学びが求められるかが，著者の豊かな経験や個性的な語り口で書かれている。この類の本は多くの場合，「まじめに勉強をするな」と大学での学業を揶揄して終わることが多いのだが，この本では「講義から学ぶ」というのがわざわざ1章設けられていて，大学は勉強もするところだというメタメッセージが発せられている。

▶大学の授業に関する学習スキル全般

藤田哲也編（2002）『大学基礎講座——これから大学で学ぶ人におくる「大学では教えてくれないこと」』北大路書房

　各章は「ノートの取り方」「テキストの読み方」「図書館の利用」「レポートの書き方」から構成されており，授業の種類によってそれらをどのようにおこなえばいいかが丁寧に書かれている。実際の学生から受けた質問や疑問をもとに問題が構成されているので，読めば「そんなこと知っているよ」と思っていたノートの取り方などが，じつはけ

っこう奥深いものであることがわかる。

学習技術研究会編（2002）『知へのステップ——大学生からのスタディ・スキルズ』くろしお出版

各章は「ノート・テイキング」「リーディング」「図書館やインターネットでの情報収集」「情報整理」「アカデミック・ライティング」「プレゼンテーション」の各スキルの解説で構成されている。タイム・マネージメントの意義やプレゼンテーション・スキルを解説しているあたりは，『大学基礎講座』（前掲）には見られないものである。全般的に図表も多く，とにかくわかりやすくまとめられていると定評がある。

▷学問という行為の技法を学ぶ

小林康夫・船曳建夫編（1994）『知の技法——東京大学教養学部「基礎演習」テキスト』東京大学出版会

学問をおこなう上での「行為論」「認識の技術」「表現の技術」を，教員の実際の研究テーマに即しながら講義するもの。大学の研究者がどのように学問探究をおこなっており，その背後にどのような技法が隠されているかを興味深く示している。その後に出版された『知の論理』（1995年），『知のモラル』（1996年）とあわせて「知の三部作」といわれている。

▷読書のしかた

加藤周一（2000）『読書術』岩波現代文庫，岩波書店

1962年に光文社から刊行されてベストセラーになった本で，岩波書店から再刊行されている。医学を学び評論家，作家である戦後知識人を代表する加藤周一が，どのようにして読書をしてきたかを体験談を交えながら説いている。新書などは数をこなし，古典や洋書は精読して味わう。読む内容によって読書術を分けている点が他の類書とは異なる点であり，文科系，理科系を問わずさまざまな専門の大学生に

訴えかけるものがあるだろうと思う。「急がば回れ」の精読術は一読の価値がある。

▷自己表現テクニック──話し方・書き方

荒木晶子・向後千春・筒井洋一（2000）『自己表現力の教室──大学で教える「話し方」「書き方」』情報センター出版局

副題にもあるように,「話す」「書く」という, 自分の考えをいかに他人にうまく伝えるか, その基本テクニックを伝授する本である。3万部以上売れているベストセラーの1冊である。読み物ふうで, 著者たちの個性あふれる雰囲気のもと自己表現力について語られている。それでいて, 自己表現力としての基礎技術もしっかり説かれている。

▷効果的なビジュアル・プレゼンテーションの技法

ワイルマン, R. E., 井上智義・北神慎司・藤田哲也（2002）『ビジュアル・コミュニケーション──効果的な視覚プレゼンの技法』北大路書房

視覚情報を活用して, いかに効果的に情報を伝達するかを理論的, 実践的に説いた本。注意を引きつけるレイアウト, 記憶に残るイラスト, ユーザーの視点を大切にした写真のアングルなど, まさにビジュアル・プレゼンテーションのための具体例が満載である。他の一般的なプレゼンテーション・スキルの本とあわせて読めば, 効果抜群かもしれない。多くの練習問題や解答例があるのも, 他の本には見られない特徴である。

▷人生を成功させるための戦略

鎌田浩毅（2005）『成功術 時間の戦略』文春新書, 文藝春秋

京都大学の講義で学生に話しているエッセンスをまとめたもの。タイトルは「時間の戦略」となっているが, 本全体としては人生全体を戦略的に生きるために日常生活をどのように組み立てていけばいいか,

日々どのような思考をすればいいか，ということが書かれている。社会のリーダー的人材になるためには教養が真に必要であること，いかにクリエイティブな思考をつくっていくか，などは他の本ではなかなか見られない著者オリジナルな主張となっている。

巻末付録⑵

大学生の学び方レポート

　ここでは，私のまわりにいる京都大学の学生2人に頼んで書いてもらった「大学での学び方」レポートを収録している。その理由は，本書で述べるような学び方をしている学生の姿を，実際の学生の声を通して示したかったからである。個々具体的な姿はまるで異なるが，2人とも自分なりに日々の生活を組織立てて，そのなかで自分の頭で試行錯誤しながら勉強をしている。彼らは，けっして勉強だけに生活のすべてを投じる学生ではない。趣味やサークルも精一杯楽しむ，そうした意味ではけっこう現代的な感覚をもった学生である。それはレポートを読めば一目瞭然である。しかし，そうしたなかで彼らが勉強も精力的にやっている姿は瞠目に値する。ぜひ読んでもらいたい。

　▷大学を私の居場所にするために
　▷私はいかにして心配するのをやめて大学を愛するようになったか

大学を私の居場所にするために

——北村恭子（京都大学工学部3回生）

プロフィール　　京都大学工学部工業化学科化学プロセス工学コース（化学工学専攻）所属。福岡雙葉高等学校卒業。父，母，兄2人の5人と，愛犬1匹の家族。小学生の頃からもう10年以上続けている合唱活動，大学に入ってから始めたいけばなが趣味。小学校3年生の頃の学級目標「支え合い，高め合い成長する子」や，中学高校の校訓「徳においては純真に，義務においては堅実に」という言葉がとても心に焼きついている。以下，大学に入ってからやったこと，手を出した活動をあげておく。

- 学生NPOアイセック京都大学委員会（受け入れ局，大学生活デザイン企画）　1回生5月〜翌年3月
- 教授を訪問する会「ファーストワンマイル」　1回生9月〜自然消滅
- いけばな「草月流」　1回生10月〜現在
- 京大生のためのポータルサイド「Phase 4」　1回生12月〜2回生7月
- 合唱団「葡萄の樹」　2回生4月〜現在
- 京都大学をフィールドワークする　2回生10月〜3回生10月
- 京都大学高等教育研究開発推進センター京都大学教育交流会プロジェクト　学生実行委員（他大学調査ワーキンググループ）　3回生5月〜現在
- 大学コンソーシアム京都主催「京都MOT講座」　3回生9月〜12月
- 音楽ボランティア・バンド「童謡・唱歌をこよなく愛する会きょ

うと」 3回生1月〜現在

> 大学入学——居場所づくり

居場所づくり，それが入学と同時に私の課題になった。同じ高校からの進学者はなく，まったく住んだことのない土地に1人暮らしすることになったからである。末っ子だったためか，1人で留守番すらめったにしたことのなかった私が，1人で暮らすというのはいま思えばすごい挑戦だったのかも知れない。4歳上の兄は大学進学時に1人暮らしを始めた。大学で居場所を見つけることができず，1年間ほとんど大学に登校せず，留年していた。その様子を見てきた私は，まず入学と同時に，何か私の居場所になるような場所をつくろうと思ったのだ。寝る間も惜しんで勉強して大学に入ったのだから，けっして挫折したくなかった。以下，私の大学生活での居場所づくりについて書いていく。

　最初の居場所になったのは，サークルだった。アイセックという学生の海外インターンシップを支援する学生NPOに入った。サークルの部屋にほぼ毎日行って，先輩たちや同期の子と話すことが私の日課だった。1人の時間が苦手だったのかも知れない。このサークルの人たちはまじめだけど，どちらかというとあまり授業に出席するタイプではなかった。

　私はまわりと同じようにただ出席だけして，授業内容はうわの空だった。クラスの友だちに会いに行っていた感じだった。ただ，サークルの人たちが授業に出席していないので，何となく出席していることに誇りを感じていた。また，前期に「大学における学びの探求」という授業を受講した。思いのほか議論をする授業で，同じ受講生のなかには口の達者な先輩がたくさんいて，内容を問わずに口が立つ，どんな話題にも数倍の言葉を返してくるということで，「すごい」と思った。前期の終わり頃には，その授業の人たちのなかにいることで，自分自身が「すごい」人間のように思えて，そこを居場所にしようとしてい

た。この授業で出会った先輩たちは、いままでサークルで関わってきた先輩たちと一味も二味も違っていた。学問を探求すること、勉強することが好きな先輩たちで、その先輩たちの姿に影響を受けた。この授業のなかで私は自分のクラスの担任（名ばかりらしいが）にインタビューをおこなったり、母校の生徒、先生方にアンケートをおこなったりして、私にとって大学で学ぶということがどういうことなのかを考えた。当時レポートで、私は次のように記している。

　　私の夢は、まだまだ足りない部分ばかりである。大きな形はあっても、中身がまだまだ備わっていない。現実から夢に向かう手段や環境が備わっていない。だから、大学にいるのだと思う。中身を身につけるため。手段や環境を見つけるため。もっともっと知りたいことがたくさんある。もっともっと知らなければ見えてこない部分もたくさんあるはず。だから、時間を惜しまず、探求するのだ。この授業の講座名、「大学における学びの探求」というのはそういうことなのではないかと思う。私にとっての大学で「学ぶ」ということは、そういうことであると思う。
　　　　　　1回生8月31日「大学における学びの探求」レポート
　　　　　　　　　　　　『夢・目標・やる気・そして私』より

> 1回生後期

　　1回生の後期になると、自分もその先輩たちのようになろうと、必死で授業を学問的にとらえようとするようになったし、授業でわからないと思うこと、もっと知りたいと思うことを臆せず先生に質問しに行くようになった。なかでもM教授（工学部）の「基礎物理化学B」では、可逆反応の考え方がなかなか理解できず、3回連続で質問し続け、自分なりの結論を得るまで考えたのを覚えている。当時は、積極的に質問することを美学のように思っていた。何か質問をしようと思いながら授業を聞いていると、授業の内容もおもしろく聞こえたし、うわの空で聞くよう

なことがなくなった。課題への取り組み方も変わったように思えた。試験前にほとんど勉強しなかった前期と違って、一夜漬け程度は一応勉強をして試験を受けるようにもなった。

　また、サークルだけでなくて何か自分のたしかな特技になるものを身につけようと、いけばなを習い始めることにした。サークルでは、「大学生活デザイン企画」というのを2回生の先輩と2人で始めた。先輩はベンチャー企業の社長らと話すのが好きで、一緒に元ベンチャー企業の社長を呼ぶイベントを企画した。一方で、サークルの次期委員長選挙と「人間関係論」という合宿形式の集中講義とが重なり、どちらを取るかで先輩と口論になり、悩んだ末、「人間関係論」を受講することにした。次期委員長選挙を放棄することにしたので、1回生でサークルを辞めることにした。当時、人間関係論のレポートでこのときのことを次のように書いている。

　　私の出した結論を、選挙管理委員（選管）の先輩にいうのが恐かった。なぜなら、もっとも信頼してきて、いつも優しくしてくれた先輩が選管だったからである。いってしまったら、先輩とうまくやっていけなくなるんじゃないか、と思った。そして、その気持ちは、委員長候補者に対しても同様だった。たまたま、委員長候補者の3人とは、仲が良かったし、いつもいろんな話を聞いてくれている先輩たちだった。そして、案の定、「人間関係論に行きます。」と選管の先輩にいうと、とても寂しそうに「どうして人間関係論なん？ P選（委員長選挙）が大事やってわかっとるやろ？」といわれた。「どんな人に出会えるか、どんな影響を受けるか未知。その可能性を捨てたくないんです。本当にわがままかもしれないけれど、人間関係論に行かせていただきます」とやっとの思いでいえた。

　　後日、私は今年度限りでサークルを脱退することに決めた。何よりも一番大きなきっかけは、先述の人間関係論をとるか、委員

長選挙をとるかというところにあると思う。この選択をするうえで見えてきたのは、「サークルをファーストプライオリティーにしていない状態では、参加・活動しにくい」ということである。私にとって、サークルは所詮サークルである。授業や自分の時間を犠牲にしてまでやる必要はないと思う。しかし、そのような心構えでは、私のサークルではやりづらいことがはっきりとわかったのである。そして、その決心をすると同時に、よく、上回生に「北村は何を考えとるのかわからん。正味恐い」といわれるようになった。そして、私が信頼していた委員長候補の一人にもいわれ、自分で何が何なのかわからなくなった。人間関係が崩れ落ちそうになっているような気がした。

1回生 12 月 20 日「人間関係論レポート」より

　サークルの先輩の影響で、「京バレー」という起業家の集まりに参加してみたりもした。1回生の頃はとにかく自分より「すごい」と思う人、その「すごい」と思う基準はただ自分が考えていることよりももっと多くのことを知っていて、どんな話題にも自分の意見のようなものを返せるということなのだが、そういう人たちのなかに自分の身をおくことで、自分も「すごい」人になった気分になっていたような気がする。1年間で、固定した居場所（サークル）から、固定したものでなくてその場その場でそこが居場所になるものに変化したように思う。

2 回生

　2回生になって、サークルを辞めた。ただやはりサークルがなくなって自分の時間ができると何か物足りなくて、高校までずっと続けてきたコーラスをまたやろうと思った。学外の合唱団「葡萄の樹」というのをネットサーフィンで見つけて、見学に行き、入団した。学内サークルの合唱団でなくて学外の合唱団にしたのは、「サークルだけの生活になりたくない」

という気持ちがあったからだ。

　はじめてできた彼氏は、有機化学が好きな人だった。私は有機化学があまり得意でないというか、いままでまじめにやってきたことがなかったので、卒業単位には認められないが、「構造有機化学」という一般教養の演習をおこなう科目を受講することにした。1回生の頃はなかなか「自分だけで勉強」となるとどうしてもほかのことに気が散って結局やらないままになってしまうことが多かった。だから、この演習授業はとても有意義で、毎週1章ずつくらいのペースで演習に取り組むことができて、とても良かった。また一般教養の実験では、担当の助手の先生が毎回一言ずつコメントをくれることが嬉しかった。だから実験の教科書には求められていなくても、ほぼ徹夜で反応機構を考えてレポートに書いた。反応機構を考えることもとても楽しかった。

　「一流の研究者になるには、英語で論文が書けないといけない」と思って、英語ではアカデミックライティングの授業を受講することにした。たまたまテレビを見ていて、モアッサンという化学者が死ぬ直前まで人工合成ダイヤモンドの生成を夢見て実験ばかりしていて、病気のモアッサンを心配したモアッサンの助手が本物のダイヤモンドを仕込んで、モアッサンに生成が成功したと思い込ませたということを知った。その話に興味をもったので、このアカデミックライティングの授業では、"The history of imitation diamonds"という題で、人工合成ダイヤモンドの生成の歴史について調べ論文にした。これを調べていくなかで、CVD (chemical vapor deposition) 法を用いると、ダイヤモンドの薄膜が生成できることを知った。ダイヤモンドといえば宝石のイメージしかなかったので、薄膜のダイヤモンドが生成できるというのがとてもおもしろいと思った。

　後期は、幸運にも、化学プロセス工学IIの授業が1回生でも授業を取ったM教授担当のクラスだった（1学年3クラスに分けられて、学生は教員を選択することができない）。課題に対するコメントが嬉

しくて，毎回しっかりと課題に取り組んだ。

　3回生からのコース配属について考えねばならない時期になった。反応・物性化学コースか化学プロセス工学コースである。12月に，化学工学専攻主催の「卒業生が学生に語る会」に参加した。その懇親会でM教授に，修士1回生の女性の先輩，Tさんを紹介していただいた。そのときから，Tさんとよくメールのやりとりをしたり，会って食事をしたりするようになった。化学工学専攻の他の女性の先輩を紹介してもらったり，両コースの実験レポートを貸してもらったり，コース選択のためにあらゆる情報を提供してもらった。また2回生対象の化学プロセス工学コースの研究室見学会に行ったり，3回生対象の反応・物性化学コースの研究室見学会にもぐりこんだりして，自分がどのコースに行くかを考えた。M教授の講座にいらっしゃるK助教授がCVD法での炭素膜生成プロセスの解明を研究していることを知った。結局，このCVD法が気になったことと，化学工学専攻の先生方がとても教育熱心であることに共感して，化学プロセス工学コースを希望することにした。

　2回生の1年間はあまり考え方が変化したという感じはなかった。ただ1つひとつをこなしていたという感じがする。サークルを辞めて特定の居場所がなくなったことで，何となく居場所のない不安みたいなものを感じていたような気がする。コース選択の際にも，化学プロセス工学コースにはTさんのような先輩がいて，面倒見のいい先生方がいて，学生が少ない，そのことで居場所のように感じられるからという気持ちもどこかにあったように思う。1つの居場所が嫌だと思ってサークルを辞めたのに，やっぱりどこかに居場所がないと不安になるということをあらためて感じた1年だったと思う。

3 回生

3回生になった。希望どおり，化学プロセス工学コースに配属される。約40名のクラスでほとんど同じ授業を受ける。女性1人と覚悟を決めていたが，幸

いもう1人女性がいた。覚悟はしていたけれど、やはりほかにも女性がいてホッとした。人数が少なくなったこともあってか、ほとんどの授業において課題が出て、先生によっては丁寧に添削をして返してくださる。だから、日頃からきちんと勉強するようになった。学生実験も始まり、実験のレポートも先生方がしっかりと見て講評してくださるので、やる気が出て、かなり力を入れて書くようになった。

5月末から、1回生の「大学における学びの探求」でお世話になり、その後も、「京都大学をフィールドワークする」という、知っているようで知らない京都大学についての勉強会を協同で開催してきたN先生の勧めで、「京都大学教育交流会プロジェクト」に学生実行委員として関わるようになった。教育熱心な先生方が集まっており、また他の学生委員もとても魅力的な人が集まっていた。他の学生委員がしっかり勉強をしている様子を見たり、自分の知らない分野を専門にしていて、その話を聞いていたりしていると、「よし私もやろう！」という気がして、前期試験ではいままでとは比べものにならないくらい勉強をするようになった。

夏休みになると、さまざまなものに興味をもつようになった。その1つが、MOT（技術経営）である。たまたま市バスの広告で見つけた京都MOT講座に応募することにした。この講座は、大学コンソーシアム京都が主催するもので、京都のさまざまな大学の先生方による講義が9月から12月までおこなわれた。私は、企業の方々やほかの大学の学生と机を並べてこの講座に通った。講座の最終レポートには次のように書いている。

> 正直なところ、MOTという言葉を知ったのは、市バスのなかで、この講座の受講生募集の広告を見たときである。その私が今、MOTのおもしろさを感じ、これからももっと学んでいきたいと思っている。また、技術系の大学教育における、MOT教育の重要性を強く感じている。特に、産学連携が急速に進んでいるため、

知財関係と工業倫理は早急に教育を始める必要があるのではないだろうか。少なくとも，市場に近い化学工学の人間にはMOTの視点は重要であると確信している。

最後に「京都MOT講座を受講できてよかった〜」と思うことを並べてみたいと思う。

- MOTという学問に触れたということ
- 今までもっていなかった視点を身につけられたということ
- それによって内面的に成長できたと私自身が思っているということ
- それは，一緒に受講した方々とのコミュニケーションによってなされた部分が大きく，決して自学自習だけでは得ることができない貴重なものであったということ

私という存在は他者との関わりによってはじめて存在するものである。非常に限定された世界で生きている私に，一つ新たな世界を開拓する機会を与えてくださった，京都MOT講座の先生方，事務局の皆様，そして受講生の皆様に心から感謝したい。

　　　　　3回生12月23日　京都MOT講座最終レポート
　　　　　　「京都MOT講座から学んだこと」より

レポートに書いているように，普段の大学生活では関わることの少ない，実際に企業で働いている人，それは研究開発をしている方もいれば営業や経営をしている方もいて，そのような方々と一緒に机を並べる経験ができたことはとても刺激的だった。

後期になると，MOTの講座にも通っていたが，「化学に従事するのに，科学全体も一度見ておきたい！」と思って，高校では学ぶ機会がないままだった，「生物」に興味をもつようになった。専門以外に，留学生向けの英語の講義"Life Science"を受講することにした。また，あと1単位だけ教養の単位が残っていたので，ほかにも昨年度あまり授業に出席しなくて後悔した，「力学続論」と「微分積分学続

論」も受講することにした。どの授業もおもしろくて，出席率も高くなったような気がする。交流会プロジェクトで他大学の先生方と話す機会ができたこともあって，「教員の想い」みたいなものを感じるようになった。そのたびに，「こんなに熱心な先生方がいるのに，学生である私は何をやっているのだろう。もっと学ぶことに対して真摯な態度で臨みたい」と思うようになった。同時に，MOTで企業の方と話すことで，「学びたいと思うことを自由に学べる，学生という時間をもっと大切にしたい」とも思った。そう思うことで，勉強することがいままで以上に楽しくなった。それは，いけばなに対しても合唱に対してもそうで，何に対しても真摯に向き合いたいと思うようになった。

　居場所はきっと1つだけではない。どんな場所も自分さえしっかりと向き合えば居場所になる。1つだけ固定的にどこかにいることが居場所だと思ってきた。でも大学に入って，いろんな人と出会うこと話すことを通して，誰かと共有している時間は，そこが私の居場所なのではないかと思うようになった。それが居場所は1つじゃないということである。固定的でなくて流動的。小・中・高校と違うのはそういうところだと思う。固定的な居場所に慣れてしまって，そうでないと不安になっていた。大学は固定的な居場所を用意しないから。でも，それは自分の世界や視野を広げるためであるような気がする。もしも，大学が固定した居場所を用意したなら，高校までとは違って専門的なものを学ぶ大学では，専門だけに限られてものごとを考えるようになってしまって，そこから発展できなくなってしまうのではないだろうか。大学はみずから求めていけば，居場所がたくさんあるところである。結局，自分しだいなのだと思う。

　気がつけば，大学という場所が大好きになっていた。私のいまの夢は，一流の経営のわかる技術者（研究者）兼教育者になること，つまり一流の大学教員になることである。大学で挫折しまいと必死で居場

所を，固定的で局所的な居場所を探してきた私が，いまもっと大学だけじゃないさまざまな世界を知りたいと思っている。さまざまな世界を知ったうえで，それを学生に伝えていけるような大学教員になりたい。固定的で局所的な居場所はたしかに安心できるかもしれない，でも1人の人間としてできる限りどんな場所でも，その場にいればそこを居場所にできるような人間になっていきたいと思う。

　他者との関わりのなかで，ときには頼ったり，頼られたりしながらやっていくこと，自分1人では生きていけないのだから。大学でも同じである。同じ大学で学んでいる学生だったり，先生だったり臆せずに頼ったり，頼られたり，そうやって自分自身を成長させていけばいい。そうやって頼ったり，頼られたりしながらしだいにそれが大きな大学という居場所になるのだと，研究生活が始まる4回生を前にいま私は思う。

私はいかにして心配するのをやめて大学を愛するようになったか

——安井大輔（京都大学経済学部 4 回生）

少し長いまえがき

1999 年大阪の某高校を卒業する。1 年の浪人生活後，関西の某公立大に入学するもお堅い雰囲気についていけず仮面浪人に突入。2001 年，運良く京都大学経済学部に受かる。経済学部を選んだ理由は，必修もなく好きに科目履修できてリベラルアーツ（教養）が追求できる「パラダイス経済」だと考えたから。学生も教員も反骨精神が旺盛で元気が良さそうに見えたのも理由の 1 つ。

入試のときに配られていたパンフが手づくりで気合いが入っていたので，受験の帰りにその YMCA の寮を見学に行く。案内してくれた寮生とも話して彼らも愉快な日々を送っていそうだったので，大学合格と同時に入寮選考を受け寮に入る。一度見たいと思っていた中核派などのセクトはいなかったけど，デモや団交（団体交渉の略。学生の声を大学運営に反映させるために学費値上げ反対などの運動を通して大学当局とわたり合う）をやってる先輩寮生はいた。

そこは，昔ながらの学生自治寮で何でも会議で決める。もともと自分自身が議論好きな性分でまわりも同好の士が多かったから，弁論術はやたらと上達した。そのかわり，甘いロマンスを語るなどかったるいことはできない体質になった。いま思い返せばたしかに女っ気はほとんどなかったし現在もない。少し悲しい。そんなことはどうでもいいか。20 数名の寮生とつねに顔を突き合わす，良くも悪くも濃い生の人間関係のなかで，政治（原義どおりの意味での，つまり二者以上の人間の利害調整という意味）とはどういうものかを，書物を通して

ではなく実感として学ぶことができた。かなりの肉体的・精神的な労苦を伴い，寮内での権力闘争に巻き込まれたりもしたが，結局大学4年間の半分くらいはそこで時間を費やした。感想を一言でいえば，どいつもこいつもキャラが濃くて飽きることはなかった。

　実際に自分の目で見聞きしてから判断しないと納得しない性格のため，噂や評判を聞きつけるといろいろ首を突っ込みに行った。大学に棲息する魑魅魍魎，ヤバイとか危ないと形容されがちなものや人々を見学にも行った。自治会や学生運動団体には人格も立派で勉強もきちんとしてそうな人もいたものの，コケの生えたような単発フレーズばかりで勧誘し，自分の言葉で語れないイマイチな人も多かった。新興宗教のダミーサークルも見に行ったが彼らは人の話を全然聞かず，教義をおしつけているだけのように思えた。大学新聞に載っている注意書きそのまんまの謳い文句で勧誘してきて「嘘ついているのがばればれなのに」とほくそえむ。「俺が教団幹部だったら，もっと効率的な勧誘方法に変えて信者数を飛躍的に増やせるのに……」となかば本気で思う。無粋を承知で，忠告させてもらうと連絡先は絶対教えないこと。有望そうだと思われると下宿までやってくる。

　もともと旅好きだったのもあるが，「キャンプや野宿のノウハウを身につけられれば貧乏一人旅でどこまでも行けるだろう」との予想のもと，体育会のサイクリング部に入る。登山道も自転車を担いで登るので実質的には山岳部や探検部も兼ねていると思ってくれればいい。普通体育会といえば，試合に向けて日々練習につぐ練習で，勉強その他のことやる余裕なんてありゃしない，というところが多い。けれど俺の所属するのは自転車で旅行するのが目的のクラブなので（レースをするのは別に自転車競技部というのがある），強制力はそれほどない。自称「サークルにもっとも近い体育会」だけど，かなり自由度が高いところだった。当初はそんなこと全然知らなくて入部したのだが，学生時代部活以外にもやりたいことが無限にあった俺にはその良い意味でいい加減なところが合っていた。

1回生のとき「大学論」という，大学それ自体を対象にいろいろ考えてみようというゼミの授業で「教養とは何か」というテーマで調査した結果，教育学者の本を読んで，自分がなろう（なりたい，ではないことにご注目）と思っていた「古きよき」教養人が，滅びつつあるオールドタイプだということを知る。少しまじめな話をすれば，じつはいまでは大学がみなが同じ哲学書を読んで議論することを可能にする「教養」の土台なんてものは虚像にすぎない。といってもそれは期待しうる夢に値する虚像だと自分では思っているのだが。しかし，夢はやはり夢であって現実は必ずしもそうとばかりは限らない。そんな旧制高校的雰囲気やバンカラの気風のことをしたり顔でいえるのはノスタルジーで食っていける大学パラサイトの教官の爺さん婆さんだけであって，将来ある若人にとっては旧来の教養主義をモデルにしてやっていくのには無理がある。かといって，180°反対の方向に転向する気もない。

　頭をさんざしぼった結果，「幸いにも，ここは学問オタクの集まる天下の京大で学歴はあるわけだし，俺はそのなかでもオツムの出来が違わぁ。自分のまわりと専攻分野にしか興味のない無自覚な専門バカどもと違って，俺は少なくともみずからの置かれた境遇とそれがどう見られているかっつうことに自覚的なところが違うわな。教養主義とオタクとのあいだをチクッと突いていく道が見つかれば，俺みたいなやつにも意外と生きる術があるやもしれぬ」てな具合に自己正当化の理屈を考え出す。つまりまあ，何というか先の不安が現前化していないのをいいことに「何とかなるかもしれない」みたいなことを何の根拠もなしに自分に信じ込ませた。この手法は別名，問題の先送りともいうが，1人でできるかぎり突き進んでいこうとの決意もあったのは事実だ。

　ともあれ，いまのまま，好きなことを命いっぱい楽しもう路線で突っ走ることに決定した。すなわち，大学生のあいだに興味・関心の赴くままいろいろ試して自分に何ができるのか追求することにした。興

味や関心はそのときどきの気分によって変わってくるものだから，何か1つのことを極めることはできない。だが，好奇心の方向が多方面展開の俺には多くの種類のことに挑戦してみる方が魅力的に思えた。この方法には，すべてやろうとすると時間が足らなくなるなど，それ相応の困難も伴う。俺も実際そういうことに関しては苦労したので，問題に対処するために各種工夫を試してきた。そのなかにはうまくいったものもうまくいかなかったものもある。さらにいろいろやることを詰め込みすぎて身も心も磨り減るはめになった。そんな汲々とするなかで時間管理に目覚めるまでの経緯が次の話。

注) 証言は記述当時のデータに基づいており，現在では変更されている場合がありますのでご注意ください。

a hard day's night ——1回生前半

大学生は暇だとよくいわれるけれど，俺自身の経験だと小中高大と学生をやってきて大学生の時期が一番忙しかったように思う。大学生になるまでも，受験などでけっこう忙しかったが，それはあらかじめ決められたスケジュール内での忙しさであって，与えられたものを片づけていけばいい，どちらかというと受け身での時間管理だ。最初からきっちりと体系立てられて設定された学校や予備校の時間割に乗っかってしまいさえすれば，それ以上に必要な時間が出てくるわけでもなくそれなりにこなせるものではあった。

その代わり，大学に入って1人暮らしを始めた人の場合，何もかもまるまる自分で組み立てていかなければならない。その場合，その生活はスケジュールを自分で立てていくというところから始まる。勉強に加えて，クラブ，人間関係，自炊・掃除・洗濯といった生活上の雑事など，すべて自分でこなしていかなければならない。学校という，ある意味閉じた空間でのみものごとを見ていれば良かった高校までと違って，より広い視点から日常をコーディネイトしていくことが求められるのだ。

大学での人間関係といったら、一般的なところでは、体育会、サークル、ゼミ、友だちづきあい、旅行、バイト、ボランティアなどだろうか。俺は学生寮に入っていたので、これらに加えて、寮自治活動というものもあった。寮自治というのは、アパートなら管理人がやってくれる雑用に加え、新入生への宣伝および入寮選考など学生が集団生活をしていく上で必要なことを寮生がすべて責任をもって会議を通して決定し実行するということだ。いまふうにいえば、ルームシェアリングする際のルールづくりとその運営みたいなものか。ただし世間一般のさわやかかつクールなそれとは異なり、月2回くらい寮生全員参加の会議があって、そこでは夕方から深夜、ときには夜を徹してまで白熱した議論が続くなど、熱くてやかましいノリのところではあった。そんな雰囲気が俺の性分にはあっていたのか、会議でなくとも食堂に入りびたって毎晩相当遅くまで寮生たちと語り合っていた。

　その話し相手の寮やサークルの先輩のなかには「活動が忙しくて大学時代はあまり勉強しなかった」という人たちも多かったけれど、これらを大学で何も学ばなかったという言い訳としていうのは格好のいいものではない。将来そういうつまらないこといって「だからお前はもっと勉強しろ」と子どもに説教するようなバカ大人にはなるまい、と思っていた。かといって、図書館と教室にこもってばかりの「がり勉」は性にあわない。せっかく大学生になれたのだから大学の表も裏もとことん吸収しつくしてやろうと意気込んでいた。

　建前だけではなく本音としても、学生だから学ぶことが本分だとは思うけれど、大学内にあるもの以外から学べることはたくさんあるので、いわゆる机上の勉強以外にも、実際に動いて自分たちが何ができるのか確かめたかった。これも広い意味での教育ではないだろうか。だから最初はとにかく何でもやってみることにした。

　とはいっても大学で講義を受けたり、演習で調査して発表したりといわゆる普通の大学生的な勉強が楽しかったし、大事だとも思っていた。というかそもそもそんなことがしたくて大学生になったのだった。

また，大学内での勉強をおろそかにすることは自分自身の問題としても許せなかったので，最低限勉強する時間を確保することは最優先事項の1つだった。

　何でもかんでも全力投入しようとした結果，大学時代はどえらく忙しくなり時間に追われることとなった。「勉強もクラブも寮も全力投球じゃー」と意気込んではいたものの，結局1回生の前期は，サイクリング部のトレーニングやツアー（数人で班を組んで何日間か自転車で走って旅をすること）や，寮の会議やコンパなどで，てんてこ舞いになり，時間割に登録した授業の半分くらいしか出席できなかった。大学での勉強は担任教師がいるわけでもなく，自己の怠惰性に対してアンストッパブルなため出席率は下がる一方だった。講義の話自体は興味もあっておもしろいのに，気づいたら居眠りしていて聞いていないということもしばしばだった。当時それほど要領も良くなかった俺は，講義には出席しなければならないものだと無邪気にも信じていた（そのうち出席すべき講義と出席するほどでもない講義とを区別するようになり問題は解消したが）ので，大学での勉強についていけていないのではないか，という思い込みからの焦燥感はかなりのものだった。

　あれよあれよというううちに，7月が来て1回生の前期授業が終わってしまった。まわりに追いつこう（いまから思えば俺のまわりも似たようなもので別にそれほど遅れてはなかったが。というか大学では人と同じ基準で優劣を測れることはなかなかない）と2週間のうち徹夜3回，連続徹夜1回の強行軍でテスト週間を何とか乗り切ったものの，一気に風邪を引いて倒れてしまった。好奇心や精神力だけでは乗り越えられないものがあることを知った。そういえば忌野清志郎がいっていたね，「不健康な体で不健康なことができるか！」。はっきりいいましょう！「そんなことは不可能です」。心身に余裕があってこその勉強であり，学生生活だ，という当然といえば当然の事実に至った夏休みだった。

「さすがにこりゃあかん，現行スケジュールでやりとおすのは無理だわい」と観念し，勉強その他に関しても，生活全般について組み直しを図ることにした。いま思えば，当時は目の前に出されるものを，それが何なのか考えもしないでなんでもかんでもこなしていただけだった。最初は何でも試してみるのがいちばんだから，それでいいと思うが，その方向でいつまでも通そうとすると破綻する。どれ1つとして，深くはできなくなる。自分がどのようなことが好きかわかってきたら，ある程度方向性を見極めて，やることを絞っていくのがベターだろう。その際，優先事項の組み合わせと割り振りがあとあとを左右する。

それでは，俺が時間をつくるために試行錯誤してきたことで使えそうなことを次であげる。

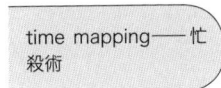

(1) 予防——無理のない予定を立てる

> time mapping——忙殺術

前提として，人間も動物の一種だ。ペットに芸を覚えさせるのと同じく，繰り返すことによって身体を大学生活に適応させることができる。動物はみずからのものでない外部からの刺激によって「チンチン」「待て！」などの動作を学習するが，人間は習慣づけを能動的にみずから課すことで，より効率的に環境に順応することが可能だと思う。

スケジュールを厳しめに立てても最初の1, 2週間を頑張ってこなせば，その次からは以前よりは身体が自然に動いて楽に過ごせる余裕ができてくる。そうなれば，うまくいくかもしれない。ここで大事なのは，最初が肝心だということ。怠け癖がついたら，そのまま一気にずるずると落ちていく可能性もある。そうなっても何とか食い止めるためにも，後々で息切れすることも鑑みて，多少多めに詰め込む，または余裕をもたせておけば，少々減らして，あるいは増やしていっても十分対応できる。

具体的には，以下のようなことがある。

▶時間割の組み方——初戦を制せよ。授業登録は情報戦なり

　講義期間が始まる前にシラバスを徹底的に読む。できたら教員の情報も探る（たとえば，本人のホームページや著作）。教科書，参考書も立ち読みする。自分たちの大学教員の本はたいてい大学生協の書籍コーナーにある。自分の興味，関心，経験と関連づけて登録する。興味の対象は案外たくさんあるものだからまずは優先順位をつける，でも人の好みや考え方は変わるものなのでフレキシブルに対応することも忘れずに。どうせ後からやりたいことややらなければいけないことが増えてくるのだから，時間割をつくる際には科目や履修を最小限に絞って予定を立てる。大学側はある程度，理想的大学生像（つまりまじめで勉強最優先者）を想定してカリキュラムをつくっている。こちらの事情がその大学側の想定とギャップがあるのなら，自分の側にあわせて組み替えなければならない。興味・関心に従って何でもかんでもやってみる。と前項で書いたが，それは必ずしも履修課目をたくさん登録するということではない。登録は必要最低限に収めておき，気になる科目があればあちこち覗きに行くのがベターだろう。

▶講義を見極める

　最初の数回だけ講義に出席して，登録するかどうか判断する。内容が教科書と同じなら講義には行かない。講義に出席することは絶対必要条件ではない。本を読んで理解する方がはやいならそうしたら良いと思う。

▶ｅラーニングの活用

　課目のなかには大学に行かずともメールで課題を出せば単位が取れるものもある。このような自宅でも可能なｅラーニングの授業を選ぶのも大学に行っている暇のない人には適している。

▶午前中は空けておく

　俺はクラブや寮の活動や勉強で夜寝るのが遅くなりがちだったので，1回生の後期から午前中はなるべく授業を取らず，空けるようにしておいた。だいたい夜の3時か4時に布団に入って10時くらいまでは

寝てた。次の日ぎりぎりまで寝ていたいときは，夜寝る前に枕元にパンとコーヒーを用意しておき起きて顔を洗いそれを食べながら着替えてそのまま大学に行くようにしてた。

(2) 対症療法——それでも忙しくなかったときいかに対応するか
▶人と協働する

　勉強は１人でやるものだとはよくいわれるけれど，なんでもかんでも自分１人でやれということではない。講義や演習でよく見かけるやつは同じ趣味や傾向をもっている可能性が高い。別に友だちにならなくても，同じ興味・関心をもつ者と話せば励みにはなる。俺は仲間と１人じゃ絶対読み通せない哲学書（デカルト，ヘーゲル，フッサールなど）を交代で輪読し合ったりしていた。

▶自分１人の時間を一定程度キープする

　人といる時間と１人の時間どちらも必要。両者の相互作用で良いアイデアも生まれる。

▶昼寝をする

　夜の睡眠時間も大切だが，ときにそれよりも大事なこともある。だが，寝不足ではもたない。夜が遅くなって１限目出席するのがつらいときは図書館で仮眠をとるなどして，疲労を持ち越さないように横になるだけでも体力は回復する。ドリンク剤など薬で持久力も多少もつ（大学における体力＝持久力＝継続力）。

▶歩きながら，走りながら食べる

　移動しながらでもカロリーは取れる。また，ウイダー in ゼリーやスニッカーズやカロリーメイトなどの携帯食を，ディスカウントショップで箱ごと大量に買いためて鞄のなかに常備しておくということもやってた。さすがに飽きてきたので，いまではやってないが，腹が減ったときのために何か持ち歩いておくのは良いと思う。

　ついでにいうと，朝食は取るようにしていた。食欲がなくても何か詰め込んでおいた方がまし。糖分を取らないと講義を聞いていても頭

がまわらない。俺は，多少遅刻しても砂糖入りコーヒーを飲むくらいはしていた。

(3) その他

▶自分で優先順位をつくる

　何かを一生懸命やろうとしたら犠牲になるものもある。自分なりにすり合わせを図ること。たとえば俺はいくつかのサークルに所属していたのだが，それだとそのサークル一筋でやっているメンバーと多少とはいえ当然温度差が生じる。部員間にも一定の距離や多少の壁を感じることもあるかもしれない。仲間との関係をとるか，わが道を行くのを選ぶか，選択を迫られる場面はある。決めるのは本人しだいだが，はじめから1つに決めつけなくてもいいと思う。何もしないフリーライダーは自分のためにもならないのでもちろんダメだ。できる範囲で仕事を受けていき居場所をつくることも必要だろう。

▶くだらないと思う飲み会は行かなくていい

　アルコールが入らないと人とコミュニケーションできないとかのたまう御仁には，「じゃあ下戸の人とはつきあえないんですね？」と聞いてみよう。本当にやって友だちなくすかもしれんが，それならその友だちはそこまでのやつだったということさ。俺の経験では，楽しい飲み会はきわめて少ない。労多くして益少なし。酒は少人数の何でも話せる仲間とちびちびやるのがいちばんうまい。ただし政治的判断のもと，コンパや飲み会に行くのを止めるものではない。俺はそういうのが嫌で，そういうことも理由の1つでゼミもいくつかやめてしまったくらいだが，大学にはそういう濃厚な師弟関係を求めるところも多い。

▶断わるときには丁寧に

　「忙しい」というだけでは断わる理由にはならない。それだけでは言い訳にしかならない。忙しさは人によってその度合いが変わる相対的なものでしかないから。断わるときは，具体的な用事や項目をあげ

て丁寧に断ろう。俺としては、たとえ先輩や先生といった目上の人に誘われたって「行きたくないから嫌だ」くらい言える強さはあってもいいと思うのだが。

といったような対処を試しているうちにそれなりに余裕もできるようになった。これからは、その大学の浮いた時間で俺は何をしていたのかという話。

> battle royale──2～4回生

究極的には人生何でも勉強なわけで、いってしまえば本人の見方しだいでどんなものでも学問的にアプローチすることはできる。一見アカデミズムと異なるように見えても学びの場につなげていくことは可能だと思う。大学時代は、懐に来るものは何でも吸収してやろうと心がけていた。また、俺にとっての勉強は人と協働して学ぶものでもあったので、対象をわかりやすく楽しめるかたちにすることをモットーに動いてきたつもりだ。

(1) T ゼ ミ

俺の大学では1回生限定のポケゼミという制度がある。これはいろんな分野の学問をやってみようというふれこみで、学部や専門に関係なく少人数での演習形式の授業をするものだ。俺はそのなかで「総合人間学ゼミナール」(担当していた先生の名前から以後Tゼミと呼ぶ)というものを取った。ここは、先生のもとでおこなわれていた、免疫学、教育学、生態学、量子力学、の4つの自主ゼミをまとめて1つにしたところで、10年前から参加している院生や教員の人たちとともに遺伝子学で有名なワトソンの『細胞の分子生物学』というむちゃくちゃ分厚い教科書を輪読したり、障害児施設の見学に行ったり、朝永振一郎やハイゼンベルクの弟子の名誉教授に相対性理論を習ったりした。

そのなかの1つ、生態学のゼミでは各自でテーマ設定をして屋久

島でフィールドワークをすることになっていた。そのため夏休みに屋久島（ここの宮之浦岳は九州で一番高い山で、毎年遭難者が出るほど深い）を縦走することになったのだが、台風で飛行機が欠航していたり、無理してフェリーで島に渡ったものの雨で入山禁止になっていたり、仲間が山小屋で風邪引いて倒れたりとトラブル続きだったものの何とか踏破できた。俺は高山植物の分布というけっこう普通のことを調べていたのだが、ほかの仲間は屋久猿のウンコを採ったり、住民に島の地図を描いてもらい意識上のものと実際のものとのギャップを調べるなど、おもしろそうなことをやっていて、こういう方法もありなのだな、と感銘を受けた。

ポケゼミ自体は本来半期で終了なのだが、もともと自主ゼミだったので夏休み後もそのまま継続されて、いまでも一部のメンバーと読書会をしたり滋賀県の比良山に登ったりしている。

(2) 寮

俺の暮らしていた寮は、1970年代に学生運動の基地になっていたせいか、既存の大学機関に頼らない自主学習推奨の流れみたいなものが残っていて、コンパをやるのと同じように読書会や自主勉強会をやるべきという雰囲気があった。各自の専門を寮生に紹介するという目的もあって、「寮周辺で採取可能な薬草」「なぜ選挙に行かないのか」というタイトルで勉強会を開いて実際に草を食べたり政治について議論したりしていた。

あとYMCAという関係で聖書研究会に参加したり教会に見学に行くこともあった。聖書研究会というのは、古典文献学みたいな大仰なものではなくて、ほぼ月に1回のペースで集まり、各自の素人的な観点から聖書の一節を取り上げて解釈したり、問題点を話し合ったりするもので、クリスチャンと縁もゆかりもなかった俺にもわかりやすかった。

ほかにも寮に家宅捜索対応ビデオなんてものまであって、それを見

ながら警察が踏み込んできた場合の対応を「学習」する機会もあった。イラク戦争反対のデモにも誘われていったが，その際には先輩がビラを貼っただけで逮捕されて，みんなで抗議の署名を送るということもあった。そういう寮という空間特有の文化というかノリというか空気みたいなものは，良い悪いは別として，ここでしか経験することのできないものだったと思う。

(3) サイクリング部

俺のいたサイクリング部は，部員の興味やアイデアに任せて好きなことができるところだった。ここでは夏休みに合宿と称する長期ツアーに出かける。2回生が班長となって企画を立ててグループを引っ張っていかなければならないのだが，そのぶん好きなプランを立てられる。俺は毎日走って温泉に入ってキャンプして寝るだけでは味気ないと思ったので，前出のTゼミでの経験もあってフィールドワーク班というものをつくり，紀伊半島を1周して熊野三山をまわって神社や植生の調査をおこなった。文学部で山岳信仰を研究している友人にレクチャーしてもらうなど事前に知識を仕入れておいたので，ただたんに走るよりもおもしろかった。ちょうど世界遺産に認定される前の，まだそれほど整備がされていない熊野古道を自転車を担いで登ることもでき，個人的には大変楽しかったが，こういう勉強的なものとはいまいち相性が合わなかったという班員もいた。

向き不向きはあるのだろうが，自分自身のことをいえば，このフィールドワーク班のときまでは俺のサイクリングはただたんに峠を越えて距離を走ることを追求するものだったが，あちこち寄り道しながら余裕をもってまわるスタイルに変わっていった。ぶっつけ本番で走りまわるのもそれはそれでおもしろいがあらかじめ現地の歴史や地理を調べておくと，異境の文化や習俗をよりくわしく知ることができるという意味で旅をより有意義なものにすることができたのはたしかだ。

⑷　銭　湯　部

　Tゼミで仲良くなった仲間の多くは，寮や安下宿に住んでいるため家に風呂がなかった。そのなかで風呂好きの友人数人と銭湯めぐりをするサークル「銭湯部」を結成した。京都市内の銭湯を順番にめぐってお湯の温度やシャワーの数，番台の応対態度などを分析してミシュランのように採点してまとめたり，その成果を生かして時計と地図を組み合わせてweb上で現時点で空いている近場のお風呂屋を探せる検索エンジンをつくったりしていた。

　京都の銭湯の本を出すという出版企画もあったのだが，これはすでに先行本が出ていて頓挫した。が，出版社や新聞社の人に企画書を出して交渉したのはいい社会勉強になった。

⑸　映画同好会

　俺は映画サークルにも入っていた。つくる方ではなくて鑑賞する方。2回生の秋に学園祭で森達也というドキュメンタリー映画監督を呼んで作品を上映し，本人に講演してもらうイベントをやった。その際，監督と出演者の対談という形式でやったのだが，その出演者に関して学内で少し問題になってテレビに取材されたりした。というのも，その作品は『A』とその続編『A2』というオウム真理教（現アーレフ）とそれを取り巻く地域住民やマスコミとの関係を教団内部から取材したドキュメンタリーで，出演者は教団信者ということになる。だから大学OP（old person）でもある信者の人を呼んだ。

　純粋に映画自体とそれがつくられた社会状況を考えるという硬派な企画だったのだが，反発を食らうこともしばしばあった。別にオウムを擁護するつもりは全然なくて，当日批判的な意見を彼らにぶつけるのもアリだとビラなどにも載せておいたが，世間的にはヒステリックな感情をひき起こす対象らしい。俺的には映画や当事者を見ないで，名前だけで非難する短絡的な色眼鏡の方が問題ではないかと思うのだが。

ともあれ学内で宗教活動しないよう，その旨しっかり先方に伝えて当日とくに問題なくイベントはおこなわれたのだが，上映のために借りたビデオが予想以上に値が張って結局全体では赤字だった。結局サークルメンバーでカンパして補塡した。自分たちがやる価値があると思って実行してもそれが多くの支持を受けるとは限らない，それでもやるなら身銭も切らないといけないということを知る。実際，けっこう痛かった……。

(6) 卒論発表会

　俺の学部は卒論が必修ではなかったが，自分の気持ちの上での締めくくりということもあって4回生の秋に卒業論文を書いた。しかし俺はゼミには入っていなかったので，ほかの人に知ってもらうことも教員たちの審査を受けることもできないことが後から判明した。このまま書きっぱなしではもったいないと考え，知り合いの教員に個人的に頼み込み添削していただいた。そのうちより多くの人にも知ってもらいたいという気持ちがつのり，自分たちで発表会をやることにした。学部の同回生のなかから有志をつのり，形式や日時を決め，教務に会議室を借りて12月に発表会をやった。俺の学部はクラス制度もなく，分野が違うと全然知りあうことのない人たちも多い。そのようなあまり接点のなかったほかの専攻の人たちとも意見交換ができて，交流促進という点でもいい機会になった。

> ぐっと短いあとがき

　ここまでタラタラと書き綴ってきたが，勉強や学習そのものの中身よりも，それらをどのようになすのかという方法論や勉強する環境づくりといった周辺部のことばかりだと思う読者もいるかもしれない。だが専門分野の1つひとつの学習の成果や内容のことをこまごまと説明するよりも，基本的なことでまとめた方が応用性はある。大事なのは内容(コンテンツ)よりも方法(メソッド)なのだ。大学内部でのルールや過ごし方がいまいちわからない人たち

に，こういうやり方もできるんだな，というふうに俺の例を参考に自分なりの過ごし方を工夫してもらえれば幸いである。

あとがき

　「いまの学生には求められることがあまりにも多すぎる」と嘆いていた，ある学生の言葉が頭にこびりついている。

　初等・中等教育ではゆとり教育やカリキュラム削減などといえても，実際の社会や人の営み，諸科学に関する知識は膨らむ一方である。勉強しよう，自分の頭で世界を見よう，ものを考えようとひとたび本気で思うなら，頭に入れなければならない知識の量は実際膨大なものになる。医学部では，6年間では基礎的な医学知識をすでに教えられなくなっている。他の学問分野でも，医学部のように差し迫った現場の実践があって，本気で教えようと思うなら，4年や6年という期間はあまりにも短いはずである。

　そのくせ，絶対的な知識量が単純にものをいう時代ではなくなっている。いわれること，与えられることをまじめにこなすだけでは，学生たちは将来力強く振る舞っていくことができないだろう。知識がどう個人の知識体系のなかで位置づき，新たな構成を図り，新たな知を生み出し，その個人の個性を創出するか，そうした力強い個性的な知の主体形成までもが求められているからである。それが現代社会である。

　独自の知識構成や解釈が求められているといっても，その基盤となる知識やものの見方がいい加減なものであったり独りよがりなものであったりするのでは，話にならない。その意味ではこれまでと同様に，あるいはそれ以上に，学問の基礎知識，基礎的方法論の習得が避けられない。いわゆる積み上げといわれる基礎的な勉強の期間は長期間にわたって求められるのである。加えて，

自分の頭で世界を見てものを考えるような力強い主体も求められる。冒頭の学生がいうように、まじめに考えれば考えるほどなかなか大変な時代になってきたと痛感せざるをえない。

「学ぶ」は「真似ぶ」であるとはよくいったもので、学びは元来「真似び」であることを基本とするはずだ。力強い個性的な知の主体が求められるからといっても、先達の考えてきたこと、発見してきたことといった経験や知恵、理屈を基礎としない、すなわち「真似ぶ」ことを蔑ろにする知の主体は何とももろい。自分の頭でものを考え世界を見るということが実践しやすい文科系の学生を見ていて、よく思うことである。しかし逆に、基礎知識の習得だけであえぐ理科系の学生を見ていると、自分の頭で世界を見てものを考えるなど遠い世界のことのようであり、そんなことで意欲的に勉強していけるのかともつい思ってしまう。

文科系、理科系の個別事情は違うだろうが、それでも文理を問わず、基礎的な知識、作法をしっかりと習得し、かつ自分の頭で世界を見てものを考えられるようになる勉強のしかたは可能である。少なくとも私はそう考えている。それは最大限抽象的な言い方をするならば、授業のなかだけで勉強をするのではなく、日々の大学生活のなかで授業を一要素として位置づけ、大学生活全体を組織化し、その上で自分なりの勉強をやっていく、という勉強のしかたである。「あとがき」なのでこれ以上の言及は控えるが、とにかく授業から出発してものを考えないことがポイントである。授業から出発してものごとを考えることは、勉強のやる気であれ、知の主体形成であれ、はたまた大学教育の有用性であれ、ありとあらゆる側面において議論を生産的なものにしていない。一般の学生にはハードルは高いかもしれないが、新しい時代を力強く生

きていくためには必要な勉強のしかたであり，本書の要点として何度も明記しておきたいところである。

◇

　最後に謝辞である。

　第1章の図1-1に掲載したデータは，九州大学高等教育総合開発研究センター助教授の田中健夫先生から個人的に頂いたものである。九州大学が発行している『radix（ラーディクス）』という刊行物に掲載されていた図であるが，度数表示がわかりにくかったため，本書のためにデータの度数分布を見せていただいた。お忙しいなか，迅速に対応してくださった田中先生に感謝申し上げたい。

　本書のためにレポートを寄せてくれた北村恭子さん（2006年2月現在，京都大学工学部4年生）と安井大輔君（2006年2月現在，日本コントロールシステム株式会社）にお礼を申し上げたい。北村さんとは，彼女が1年生のとき学び支援プロジェクト（くわしくは溝上慎一編『学生の学びを支援する大学教育』東信堂，2004年，を参照のこと）の授業で出会い，今日までつきあいが続いている。印象深い学生の1人である。安井君とは，彼が4年生のときに学生，教職員協同で行う教育交流会プロジェクトで出会った。彼から発せられる毒舌めいた議論を私はとても楽しんだし，その独創性，ユニークさは京都大学の学生のなかでもピカイチであった。2人とも，打ち合わせのミーティングから原稿の数回の書き直しまで，本書にはずいぶんと時間をかけてつきあってくれた。この場を借りてお礼を申し上げる。

　雑多な用事が多い日々のなかで，私が多くの事務書類を片づけ，資料を集め，ある程度整然とした研究生活ができているのは，秘

書の木村麻子さんの献身的なサポートがあるからである。長年のつきあいのなか，私の癖や嗜好，思考パターンを理解し，1いうだけで10をやってくれる彼女の日常的な手助けはとても貴重である。彼女がいなかったら，と考えるだけでぞっとする。厚くお礼を申し上げたい。

有斐閣書籍編集第二部の櫻井堂雄氏との出会いがなかったら，本書が世に出ることがなかったことはたしかである。「はじめに」でもふれたように，私は当初本書の執筆を少し躊躇っていた。しかし書き終えてみると，これを出さないでどうするといわんばかりに，私のなかでは貴重な1冊となっている。本書執筆の重要性を説き機会を与えてくださった櫻井氏には，心から感謝を申し上げるしだいである。

◇

ほか逐一名前をあげられないが，私の日常の研究生活，教育実践のなかで議論につきあってくれる諸先生方，学生諸君にも心から感謝申し上げたい。

内容的には十分洗練されていない箇所もあろうかと思うから，読者からは忌憚のないご意見やご指導を賜れれば幸いである。本書が学生諸君にはもちろんのこと，これからの大学教育実践，学生の学びを考える関係者にも役立てば幸甚である。

2006年2月

溝 上 慎 一

事項索引

◆あ 行
アヴォイダンス →回避的方法
アバウトブックス　111
アプローチ →接近的方法
アーリー・エクスポージャー
　　41
eラーニング　129
一次テクスト　110-113
インターンシップ　40, 44-45
おそ読み法　107-108

◆か 行
回避的方法（アヴォイダンス）
　　117
学　問　21-22, 116-117, 123
学力低下　55
身体が問われる　128-133
キャリア　34-36
キャリア・デザイン　5, 55
教育実習の早期化　41
コンピテンシー　30-32, 34, 56

◆さ 行
時間管理の優先順位　76
時間に対するイニシアティブ
　　79

自主ゼミ　120
『13歳のハローワーク』　13-15
身体（しんたい）→身体（からだ）
　　が問われる
新聞記事のスクラップ　67, 94
スキーマ　107
生活の組織化　68-69, 72-73
接近的方法（アプローチ）　116
セレンディピティ　5
創成科目　41
卒業研究　56

◆た 行
タイム・マネージメント　18
『知の技法』　59-62
積ん読　100-101
読書のルール　97-99
ドリフト　5-6

◆は 行
フィールドワーク　45
フォーム　89-90
勉　強　21-22, 123

◆ら 行
レリバンス　29

人名索引

◆あ 行
浅羽通明　25-26
色川武大　89-90
大久保幸夫　37
小方直幸　27, 29-30, 33

◆か 行
学習技術研究会　73
梶田叡一　5
加藤周一　95, 105-108
金井壽宏　5
鎌田浩毅　70-71, 76

◆さ 行
サッチマン, ルーシー　125-128
サンダース, バリー　93
ジョイス, ジェームズ　109-110
諏訪哲二　15

◆た 行
千葉敦子　69, 73, 82, 106, 135

◆な 行
中村修二　14
夏目漱石　97-98

◆は 行
福田和也　89, 91, 112

◆ま 行
村上龍　13
森靖雄　67

◆や 行
矢野眞和　27-28, 35-36, 90

◆わ 行
鷲田清一　57-58
和田寿博　45, 47, 107, 119-120

● 著者紹介

溝上 慎一（みぞかみ しんいち）
　学校法人桐蔭学園理事長
　桐蔭横浜大学教授

大学生の学び・入門
──大学での勉強は役に立つ！
Introduction to Learning for University Students : Study at University is Useful!

ARMA
有斐閣アルマ

2006年3月31日　初版第1刷発行
2022年5月20日　初版第13刷発行

著　者	溝　上　慎　一	
発行者	江　草　貞　治	
発行所	株式会社 有　斐　閣	

郵便番号 101-0051
東京都千代田区神田神保町 2-17
電話　(03)3264-1315〔編集〕
　　　(03)3265-6811〔営業〕
http://www.yuhikaku.co.jp/

印刷・株式会社精興社／製本・大口製本印刷株式会社
© 2006, Shinichi Mizokami. Printed in Japan
落丁・乱丁本はお取替えいたします。
★定価はカバーに表示してあります。
ISBN 4-641-12282-2

Ⓡ本書の全部または一部を無断で複写複製(コピー)することは、著作権法上での例外を除き、禁じられています。本書からの複写を希望される場合は、日本複製権センター(03-3401-2382)にご連絡ください。